Wissenschaftliche Beiträge aus dem Tectum Verlag

Reihe Sozialwissenschaften

Wissenschaftliche Beiträge aus dem Tectum Verlag

Reihe Sozialwissenschaften

Band 89

Sonja Scheungraber

Die charismatische Führungspersönlichkeit

Strategien für den Erfolg

2., überarbeitete und erweiterte Auflage

Tectum Verlag

Sonja Scheungraber, Master of Arts (Staatswissenschaften an der Universität Passau), Bachelor of Arts (Betriebswirtschaftslehre an der THD Technischen Hochschule Deggendorf), Auslandsstudium in den USA, Kalifornien an der University of California, Santa Barbara (UCSB) und an der University of California, Los Angeles (UCLA), Selbstständige Immobilienmaklerin, Autorin, Coach für Führungskräfte.

Sonja Scheungraber
Die charismatische Führungspersönlichkeit. Strategien für den Erfolg
Wissenschaftliche Beiträge aus dem Tectum Verlag
Reihe: Sozialwissenschaften; Bd. 89

ISBN 978-3-8288-4352-3
ePDF 978-3-8288-7304-9
ePub 978-3-8288-7305-6
ISSN: 1861-8049

Umschlaggestaltung: Tectum Verlag

Druck und Bindung: Docupoint, Barleben
Printed in Germany

Besuchen Sie uns im Internet
www.tectum-verlag.de

Bibliografische Informationen der Deutschen Nationalbibliothek

Die Deutsche Nationalbibliothek verzeichnet diese Publikation in der Deutschen Nationalbibliografie; detaillierte bibliografische Angaben sind im Internet über http://dnb.d-nb.de abrufbar.

meinen Eltern

„Die Frucht des Geistes aber ist Liebe, Freude, Friede, Geduld, Freundlichkeit, Güte, Glaube, Sanftmut, Selbstbeherrschung, Treue."
Galatar 5, 22

Inhaltsverzeichnis

1 Einleitung

Unsere Zeit ist geprägt durch beständige Veränderungen in den unterschiedlichsten Bereichen der Wirtschaft, Gesellschaft und Politik. Aus diesem Grund werden heutzutage von einer Führungsperson hohe psychosoziale Fähigkeiten erwartet, um mit der sich ständig revolutionierenden Zeit Schritt halten zu können.[1] Der zunehmende Wettbewerbsdruck erfordert von Führungspersönlichkeiten eine erhöhte Belastbarkeit, Durchhaltevermögen, Durchsetzungsfähigkeit sowie die Fähigkeit, Widerstände zu überwinden und erfolgreich zu meistern. Auch der damit einhergehende Wertewandel, der unsere Zeit prägt, führt dazu, dass sich Persönlichkeiten immer öfter mit Widerständen konfrontiert sehen, die oftmals unüberwindbar erscheinen. Es existiert auch ein unterschiedliches Verständnis von Erfolg, Persönlichkeit und Führung, das es der Führungspersönlichkeit nicht leicht macht zu unterscheiden, welcher Führungsstil und welcher Persönlichkeitstyp als wirklich vertrauenswürdig erachtet wird und langfristig Erfolg verspricht.

Aus diesem Grund wird es zur Hauptaufgabe von Führungspersonen, neue Konzepte und Strategien zu entwickeln, um dieser sich ständig verändernden Zeit gewappnet begegnen zu können.[2] Unter den Bedingungen eines steten Wandels bedarf es der Entwicklung einer unverwechselbaren Identität beziehungsweise von Persönlichkeit – einer Persönlichkeit, die aufgrund ihrer Werte befähigt ist, erfolgreich zu führen, die Aufmerksamkeit erzeugt und die Öffentlichkeit für sich zu gewinnen vermag.

Führungspersönlichkeiten in Wirtschaft und Politik können nur dann erfolgreich sein, wenn es ihnen gelingt, eine beständige Akzep-

1 Vgl. Bartscher/Huber (2007), Vorwort.
2 Vgl. Scheungraber (2011), S. 76.

tanz in der Öffentlichkeit zu generieren, um somit auch in Zukunft Verständnis und Vertrauen auszustrahlen.[3] Die Wahrnehmung der Öffentlichkeit gewinnt dabei zunehmend an Relevanz. Führungspersönlichkeiten müssen die Fähigkeit besitzen, Stimmungen in der Gesellschaft realistisch einzuschätzen, um entsprechend an die Gefühle und Bedürfnisse der Menschen appellieren zu können. Wenn es um politische Führung in unserer Gesellschaft geht, ist gerade auch die Demokratie mit ihren besonderen Erfordernissen zu berücksichtigen, weil Demokratie auf Öffentlichkeit angewiesen ist. Erfolgreiche Führung in einer Demokratie funktioniert nur, wenn demokratische Regeln beachtet werden. Das heißt, dass Führung in einem demokratischen System stets die Geführten zu berücksichtigen hat. Gelungene Führung bedeutet insofern auch gerade eine wertschätzende Führung, die auf Persönlichkeitseigenschaften wie Solidarität, Demut und Fairness gründet.

Es gibt zahlreiche Theorien, die eine Erklärung für den Erfolg einer Führungspersönlichkeit aufzeigen. Das Phänomen Charisma stellt dabei ein Erfolgskonzept dar, das den Erfolg einer Führungspersönlichkeit definieren kann. Charisma kann in einer einzigartigen Identität zum Ausdruck kommen, Aufmerksamkeit erzeugen und zu einer positiven Wahrnehmung in der Öffentlichkeit beitragen. Menschen bewundern charismatische Persönlichkeiten, da es der charismatischen Führungspersönlichkeit möglich ist, Werte, mit denen sich Menschen identifizieren können, vorzugeben und entsprechend zu kommunizieren. Werte sind von großer Bedeutung, insbesondere wenn es um die Führung von Menschen geht. Verschiedene Theorien beschreiben Charisma als besondere Gnadengabe, die jedoch nicht nur Bewunderung nach sich zieht. Mit Blick auf das Thema Charisma und Widerstand ist evident, dass Charisma auch Neid hervorruft. Eine authentische charismatische Führungspersönlichkeit wird dabei nicht selten der Verführung verdächtigt. Die unterschiedlichen Interpretationen des Charisma-Phänomens sowie der Gegensatz in der Bedeutungsvielfalt des Charisma-Begriffs sind wiederum typisch für Charisma, welches

3 Vgl. Sackmann (2008), S. 267.

stets im Spannungsverhältnis zwischen Bewunderung und Neid steht. Trotz der Schattenseite des Charismas scheint es ein wesentlicher Bestandteil des Erfolges mancher Führungspersönlichkeiten wie zum Beispiel Barack Obama zu sein.

Aufgabe von Führungspersonen ist es, individuelle Strategien zur Sicherung ihrer Wettbewerbsfähigkeit zu entwickeln und flexibel zu denken, um den ständigen Veränderungen vorausschauend begegnen zu können.[4] Daneben sind Kompetenzen gefragt, die professionell, kreativ und zukunftstüchtig sind um als Führungspersönlichkeit erfolgreich sein zu können. Die Entwicklung von anwendungsbezogenen Ansätzen erfolgreicher Führung ist ein hochaktuelles, facettenreiches und dynamisches Forschungsgebiet, das einer Zuwendung zum Menschen in seiner Persönlichkeit bedarf. Aus diesem Grund fokussiere ich hauptsächlich die Persönlichkeit der Führungsperson im Führungsgeschehen.

Max Webers Ansatz zur charismatischen Führung betont eher die Struktur sozialer charismatischer Beziehungen und distanziert sich somit von der Persönlichkeit des Charismatikers.[5] Im Rahmen der „Great Man Theory“, die eine persönlichkeitsorientierte Betrachtung der Führung betont, wurden zahlreiche Eigenschaften formuliert, die erfolgreiche Führungspersonen charakterisieren. Dabei wird die Auffassung vertreten, dass sich Führungsfähigkeit auf die Persönlichkeit eines Menschen zurückführen lässt.[6] Diese Theorien zeigen, dass eine Auseinandersetzung mit dem Thema Charisma und Persönlichkeit höchste Relevanz aufweist.

In diesem Buch wird davon ausgegangen, dass bestimmte Persönlichkeitseigenschaften zu einer erfolgreichen Führung befähigen; sie beschreibt somit die Persönlichkeit als federführendes Element erfolgreicher Führung. Was die charismatische Führungspersönlichkeit betrifft, sind charakteristische, als charismatisch geltende Eigenschaften, die sie nach außen hin repräsentieren und auf innere Werte ihrer Persönlichkeit zurückzuführen sind, entscheidend für den Er-

4 Vgl. Scheungraber (2011), S. 2.
5 Vgl. Schreyögg/Sydow (1999), S. 210.
6 Vgl. Dihsmaier/Paschen (2011), S. 29.

folg. Aus diesem Grund bergen sie das Potential für die Entwicklung von Strategien für erfolgreiche Führung. Es ist gerade das Spannungsverhältnis zwischen Charisma und Widerstand, das Strategien beinhaltet, die Führungserfolg bedingen können. In diesem Zusammenhang sind bestimmte Persönlichkeitseigenschaften dafür entscheidend, ob diese Wechselwirkung erkannt, genutzt, entsprechend adressiert und schließlich mit Erfolg gemeistert wird.

Die moderne Führungs- und Managementlehre, die Soziologie sowie die Theologie betrachten Charisma jeweils aus unterschiedlichen Blickwinkeln und definieren den Begriff dementsprechend in verschiedener Weise. Jede Disziplin offenbart diverse Strategien für den Erwerb von Charisma und assoziiert demnach vielfältige Persönlichkeitsmerkmale mit einer charismatischen Persönlichkeit. Im Hinblick auf seine theologischen Wurzeln beinhaltet der Charisma-Begriff eine enorme Bedeutungsvielfalt. Ein Blick auf die Ursprünge des Charisma-Begriffs hilft, bestimmte Einflussfaktoren zu identifizieren, die dazu führen, dass Charisma entstehen kann, und macht es möglich, Charisma aus theologischer Sicht und Charisma aus moderner Perspektive unterscheiden zu können.

Charisma lässt sich anhand einer Analyse der Persönlichkeit charismatischer Führungspersönlichkeiten und ihres Verhaltens exemplifizieren. Charismatische Führungspersönlichkeiten in Wirtschaft und Politik sind permanent mit Widerständen konfrontiert. Ihre Aufgabe ist es, dieses Spannungsverhältnis zwischen Charisma und Widerstand mit Erfolg zu bewältigen. Die charismatische Führungspersönlichkeit kann sich gerade im Umgang mit den Medien und der Öffentlichkeit erproben, vor allem dann, wenn die Atmosphäre von Unsicherheit geprägt ist und öffentlicher Druck auf diese Persönlichkeit ausgeübt wird. Eine Analyse empirischer Beispiele ermöglicht es, grundlegende Eigenschaften herauszuarbeiten, die einen charismatischen Charakter besitzen. Als Beispiel für eine charismatische Führungspersönlichkeit wird die Politikerpersönlichkeit Barack Obama aufgezeigt. Bei einer näheren Betrachtung seiner Persönlichkeit lassen sich herausragende Eigenschaften erkennen, die ihn befähigen, Widerstände als Herausforderung zu sehen. Er vermag es, seinen zukünftigen Erfolg aus diesen Widerständen herzuleiten.

1.1 Welche Eigenschaften charakterisieren charismatische Führungspersönlichkeiten?

Aus der Annahme, dass die charismatische Führungspersönlichkeit bestimmte Eigenschaften besitzt, die sie von anderen Führungspersönlichkeiten unterscheiden, ergibt sich die Frage, welche Eigenschaften für die charismatische Führungspersönlichkeit signifikant sind. Darüber hinaus gilt es, Ursachen und Gründe zu identifizieren, die zu einer Entwicklung von Charisma beitragen. Daneben wird die interne Dynamik des Charismatikers anhand von spezifischen Verhaltensmustern analysiert sowie auf Persönlichkeitsstrukturen und -merkmale eingegangen, die Charisma begünstigen. Eine Analyse von charismatischen Eigenschaften impliziert ebenso die Notwendigkeit einer Betrachtung sozialer Strukturen, insofern die (soziale) Beziehung zwischen der charismatischen Führungspersönlichkeit und den „Anhängern" aus der Perspektive des Charismatikers richtig einzuschätzen ist, um sodann entsprechend an die Bedürfnisse der Geführten appellieren und Einfluss geltend machen zu können. Dementsprechend kann die Charisma-Wirkung analysiert, interpretiert und veranschaulicht werden. Es wird überprüft, ob charismatische Eigenschaften bereits angeboren sind, erlernt oder durch soziale Bedingungen geschaffen werden. Daneben ist zu erforschen, ob Charisma durch eine Abwertung und/oder Ausgrenzung der Person, als Folge von Widerständen, geschwächt wird und ob Charismatiker von bestimmten religiösen Werten, zum Beispiel einem besonders starken Glauben, geprägt sind. Im weiteren Verlauf werden Strategien aufgezeigt, die es einer Führungspersönlichkeit ermöglichen sollen, erfolgreich zu sein.

1.1.1 Ziele und Aufbau der Arbeit

Primäres Ziel ist eine Erforschung von charakteristischen charismatischen Eigenschaften unter Berücksichtigung des Ursprungs des Charisma-Begriffs in der Theologie und im Hinblick auf seine Bedeutungsvielfalt. Außerdem wird dargestellt, inwieweit sich die Bedeutung des ursprünglichen Charisma-Begriffs gewandelt hat. Vorliegendes Buch ist in fünf Hauptkapitel untergliedert. Das erste Kapitel beschreibt den Aufbau der Arbeit sowie die Spezifizierung der Fragestellung mit den Zielen und Hypothesen. Im zweiten Kapitel erfolgt eine allgemeine Begriffsdefinition zu dem geheimnisumwobenen Charisma-Phänomen, was auch die Bedeutungsvielfalt der Begrifflichkeit illustriert. Anschließend wird eine theologische Annäherung an den Charisma-Begriff präsentiert und insbesondere auf die Bedeutung und den Ursprung der Charismentheologie verwiesen. Um ein grundlegendes Verständnis vom Ursprung des Begriffs zu vermitteln, werden die paulinische Charismentheologie sowie die paulinische Ethik vorgestellt. Es wird aufgezeigt, dass Charisma in der Theologie seinen Ursprung hat und vor allem von dem Apostel Paulus im Neuen Testament der Bibel geprägt wurde. Zudem wird eine Untersuchung des Charisma-Begriffs aus sozialwissenschaftlicher Perspektive vorgenommen. Im Besonderen wird dabei ein Bezug zu Max Webers Charisma-Thematik hergestellt, da Weber den Begriff grundlegend geprägt und in die Sozialwissenschaft eingeführt hat. Ferner wird Charisma aus der Perspektive der modernen Führungs- und Managementlehre vorgestellt. Charisma steht in diesem Zusammenhang für eine durch Methoden erlernbare Fähigkeit. Anknüpfend wird auf die Entwicklung von Charisma durch Stigmatisierung verwiesen. Diesbezüglich werden die beiden Gegensatzpaare Charisma und Stigma anhand der Gegenpole Prestige und Stigma veranschaulicht. Auf diese Weise ist es möglich, das Phänomen Charisma mittels seines Gegenparts, des Stigmas, umfassender zu beschreiben. Es werden schließlich der theologisch geprägte Charisma-Begriff, der Charisma-Begriff aus sozialwissenschaftlicher Sicht und der durch die neue Managementlehre geprägte Charisma-Begriff einander gegenübergestellt. In diesem Zusammenhang kann die Bedeutungsvielfalt der Begrifflichkeit resümiert werden.

Es schließt sich eine ausgewählte Definition von Führung und Führungstheorien an, die in Kapitel 3 den Zusammenhang zwischen der Persönlichkeit einer Führungsperson und dem Führungserfolg veranschaulichen soll. Neben dem Verhältnis von Charisma zu Trauma und Erfahrung wird darüber spekuliert, ob Charisma als ein Garant für Erfolg anzusehen ist. In diesem Sinne kommt der Differenzierung zwischen dem Charisma des Amtes und dem persönlichen Charisma eine wichtige Bedeutung zu. Darüber hinaus wird das Verhältnis von Charisma und Widerstand anhand des Phänomens „Mobbing“ veranschaulicht, indem die Ziele, Strategien und Auswirkungen von Mobbing aufgedeckt werden und sich somit die Wechselbeziehung präzise aufklären lässt. Eine neue Definition von Mobbing soll dazu beitragen, auf das Phänomen und seine Auswirkungen aufmerksam zu machen, um somit Anregung für die Entwicklung von Schutzmaßnahmen für betroffene Persönlichkeiten zu geben. Eine Gegenüberstellung der Charaktere der charismatischen Führungspersönlichkeit und der Täterpersönlichkeit schildert überdies die unterschiedliche Zielsetzung der beiden Persönlichkeitstypen und identifiziert somit Eigenschaften einer charismatischen Führungspersönlichkeit. Da der Charismatiker die Widerstände, die Täterpersönlichkeiten initiieren, in der Regel dazu benutzt, Charisma zu erwerben, wird die daraus hergeleitete Charisma-Wirkung beschrieben, die ein Erfolgsrezept des Charismatikers in sich birgt. Anhand des Falles Christian Wulff wird der Widerstand gegenüber dem Amtscharisma veranschaulicht. Im Zuge dessen erfolgt eine Analyse des Widerstands an ausgewählten Begebenheiten, die Wulff in seinem Buch „Ganz oben, ganz unten“ beschreibt. Aus Christian Wulffs Erfahrungen werden anschließend Taktiken abgeleitet, die Strategien zur Überwindung dieser Widerstände aufzeigen.

Überdies wird auf Charisma in der Führungspsychologie eingegangen. In Anlehnung an die Eigenschaftstheorie der Führung ist Charisma als Attribut der Persönlichkeit zu verstehen, weil der Mensch und seine Persönlichkeit dem Charisma erst Ausdruck verleihen. Der Begriff der „Persönlichkeit“ wird indessen näher betrachtet, da diese, korrespondierend mit dem eigenschaftsorientierten Ansatz, ausschlaggebend für erfolgreiche Führung und eine charismatische Ausstrahlung ist. Im weiteren Verlauf wird der charismatischen Persönlichkeit Aufmerksamkeit gewidmet. Im Rahmen des dritten Kapitels wird zudem in die Thematik der charismatischen Führung eingeführt. Charismatischen Führern wird meist eine besondere Autorität nachgesagt. Hierbei spricht man auch von personaler Autorität, die auf die Persönlichkeit des Charismatikers zurückzuführen ist und ihn zur Führung befähigt. In diesem Kontext wird ein Zusammenhang zwischen Charisma als Quelle der Autorität sowie der Führung deutlich.

Als Ergebnis einer kritischen Auseinandersetzung mit den theoretischen Erkenntnissen über Charisma pointiert Kapitel 3 charismatische Eigenschaften einer Persönlichkeit. Als Resultat einer Analyse des Charisma-Begriffs aus theologischer, soziologischer und managementorientierter Perspektive werden explizit charakteristische Eigenschaften einer als charismatisch geltenden Persönlichkeit aufgedeckt. Anhand der vorangestellten theoretischen Klassifikation der unterschiedlichen Auffassungen zum Charisma-Begriff findet eine Validierung der Hypothesen statt.

Einen Überblick über das Thema Führung in der Politik gewährt das Kapitel 4, in dem die typische Politikerpersönlichkeit sowie die charismatische Führungspersönlichkeit in der Politik betrachtet werden. Eine Analyse der politischen Führungspersönlichkeit Barack Obama sowie seines Verhaltens schafft einen konkreten Praxisbezug und liefert fundierte empirische Erkenntnisse über charismatische Eigenschaften einer Führungspersönlichkeit in der Politik. Die Fallstudie ermöglicht es, das Verhalten des Politikers bei Widerständen zu analysieren und somit Erkenntnisse aus seinem Umgang mit den Medien und der Öffentlichkeit zu gewinnen. Die theoretischen Erkenntnisse über die Entstehung von Charisma aus theologischer, soziologischer und managementorientierter Perspektive dienen dabei als Grundlage für die Analyse. So wird deutlich, welcher Theoriebezug auf die ausgewählte Persönlichkeit zutreffend ist und ob Übereinstimmungen zwischen Theorie und Praxis anhand spezifischer Verhaltensmuster erkennbar sind. Vornehmlich wird auf die Persönlichkeit des Politikers Barack Obama Bezug genommen, worauf eine inhaltliche Analyse von ausgewählten Reden vor dem Hintergrund seiner Biographie folgt. Auf diese Weise können die Hypothesen sowie die Forschungsfrage eindeutiger und praxisorientierter beantwortet werden. Das Charisma der Politikerpersönlichkeit wird in der Theorie verortet, um die Frage beantworten zu können, ob es sich bei dem ausgewählten Politiker um eine charismatische Führungspersönlichkeit handelt.

Anschließend erfolgt eine abschließende Diskussion über die charismatische Führungspersönlichkeit in der Politik, indem die verschiedenen Charismen der Politikerpersönlichkeit postuliert werden. Da Charisma auch eine Schattenseite besitzt, wird zugleich die Bürde des Charisma-Trägers erwähnt. Charisma steht immer in einem Spannungsverhältnis zwischen Bewunderung und Neid. Das Thema Charisma und Widerstand offenbart dabei die Mittel und Strategien, die angewandt werden, Charisma zu unterdrücken. Im Bewusstsein der Schattenseite des Charisma-Phänomens werden daran anschließend Strategien aufgezeigt, die es Führungspersönlichkeiten ermöglichen, trotz des Widerstands erfolgreich zu sein. Dabei lassen sich Schachzüge für Erfolg ableiten, die Charisma als Strategie für erfolgreiche und wertschätzende Führung beschreiben. Der Charisma-Begriff wird neu definiert und eröffnet eine innovative Perspektive auf die charismatische Führungspersönlichkeit. Diese Definition trägt dazu bei, den Ursprung des Charisma-Begriffs zu erschließen, und zielt darauf ab, die Wirksamkeit und Werthaltigkeit des Charisma-Phänomens zu betonen, wobei die Diskrepanz in Bezug auf die unterschiedlichen Begriffsbedeutungen relativiert wird. Das Resümee fasst in Kapitel 5 die wichtigsten Aspekte zusammen und präsentiert dabei neue Erkenntnisse zu den charakteristischen charismatischen Eigenschaften einer Persönlichkeit. Wertvolle und Erfolg stiftende Eigenschaften einer Persönlichkeit werden dabei hervorgehoben und als ausschlaggebende Eigenschaften definiert, die wirkliche Führungsstärke beschreiben. Diese Eigenschaften definieren die Identität des Charismatikers als auch seine Persönlichkeit, die weder inszeniert noch verführt, sondern gerade wegen ihrer Authentizität und ihren Werten echte Führungskompetenz begründet.

1.1.2 Hypothesen

Die Annahme, dass persönliche Eigenschaften eine charismatische Führungspersönlichkeit auszeichnen, wird anhand einer Überprüfung folgender Hypothesen evaluiert:

1. Charisma ist in die Wiege gelegt.
2. Charisma ist eine erlernbare Fähigkeit.
3. Charisma wird durch Abwertung und/oder Ausgrenzung der Person, als Folge von Widerständen, geschwächt.
4. Charismatiker werden durch religiöse Werte wie zum Beispiel den Glauben geprägt.

Die erste Hypothese fokussiert die Great Man Theory, die angibt, dass alleine die Persönlichkeit ausschlaggebend für den Erfolg einer charismatischen Führungspersönlichkeit ist. Daneben erwähnen die ältesten Verfechter der Great Man Theory, dass Charisma angeboren ist und nicht durch Regeln erlernt werden kann.[7] Mit einer Überprüfung der zweiten Hypothese wird der gegenteilige Sachverhalt betrachtet, indem erforscht wird, ob es möglich ist, sich Charisma anhand spezifischer Regeln anzueignen. In Überprüfung der dritten Hypothese wird ergründet, ob Charisma aufgrund einer Abwertung und/oder Ausgrenzung der Person, als Folge von Widerständen, geschwächt oder gestärkt wird beziehungsweise ob diesbezüglich überhaupt Veränderungen an der Persönlichkeit des Charisma-Trägers zu verzeichnen sind. Mittels der Ergebnisse wird außerdem aufgezeigt, ob bestimmte soziale oder personale Einflussfaktoren dazu führen, dass Charisma entstehen kann. Zusätzlich wird der persönliche Umgang der Führungspersönlichkeit mit Ausgrenzung und Abwertung diskutiert, da dieser ausschlaggebend dafür ist, ob diese Person später entweder als charismatisch oder als

7 Vgl. Macharzina/Wolf (2010), S. 573.

weniger charismatisch wahrgenommen wird. Dabei zeigt sich auch, ob soziale Bedingungen die Entwicklung einer charismatischen Persönlichkeit begünstigen oder eher schwächen. Die vierte Hypothese geht davon aus, dass persönliches Charisma und charismatisches Verhalten auf religiöse Werte wie zum Beispiel den Glauben zurückzuführen sind, allein auf dessen Grundlage entstehen oder sogar nur durch den Glauben wirksam werden können. Hinsichtlich dieser Überlegungen trägt eine Überprüfung der Hypothesen dazu bei, die Forschungsfrage zu beantworten, welche Eigenschaften charakteristisch für die charismatische Führungspersönlichkeit sind.

2 Charisma – Ein schillernder Begriff

Der Begriff Charisma stellt ein so faszinierendes wie geheimnisvolles Phänomen dar. Sowohl die alltagssprachliche als auch die wissenschaftliche Faszination, die mit diesem Begriff verbunden ist, korrespondiert mit einem enormen Interesse an erfolgversprechenden Mechanismen, die einigen, offenbar außergewöhnlichen Menschen innewohnen. Die Benennung jener wundersamen Eigenschaft, die unter anderem Führungspersonen wie Jesus und auch Hitler zugeschrieben wird, erschafft mit dem Begriff Charisma ein höchst attraktives Mysterium. Diesen Menschen war es möglich, eine Masse von Menschen zu führen, die ihnen gutgläubig und bedingungslos folgten. Eine besondere Bedeutung des Charisma-Begriffs ergibt sich daraus, dass der sprachliche Ausdruck rational nur diffizil erklärbar ist und dem Auge wie auch dem Verstand verborgen bleibt.[8] Ebenso mysteriös ist das Phänomen der bedingungslosen Gefolgschaft, die auf die besondere charismatische Wirkung dieser Persönlichkeiten zurückzuführen ist.

Charisma ist auch ein kulturelles Phänomen, da es normativen Gehalt besitzt und zudem mit sozialen Sachverhalten wie Herrschaft, Wirtschaft und Religion in Zusammenhang gebracht wird.[9] Heutzutage wird der Begriff Charisma sowohl im Alltag als auch in der Wissenschaft in vielerlei Hinsicht verwendet. Er findet sich in der wissenschaftlichen Literatur, in religiösen Veröffentlichungen und insbesondere in den Medien, sofern Bezug auf eine charismatische Persönlichkeit genommen wird. Wegen der Vieldeutigkeit des Begriffs bestehen jedoch erhebliche Schwierigkeiten, Charisma in

8 Vgl. Lenze (2002), S. 1.

9 Vgl. Lipp (1985), S. 7–8.

Kategorien zu unterteilen und somit wissenschaftlich präzise einzuordnen.[10]

Damit der Charisma-Begriff auf seine begrifflichen und theologischen Ursprünge hin untersucht werden kann, ist zunächst von der griechischen Grundbedeutung auszugehen.[11] Vor Paulus ist der Charisma-Begriff nur selten in der griechischen Sprache zu finden.[12] Charisma hat seinen Ursprung im griechischen *charitsesthai* und bedeutet schenken oder spenden. In diesem Zusammenhang wird mit dem Begriff Charisma ein Geschenk, eine Gabe oder eine Liebenswürdigkeit in Verbindung gebracht. In der älteren griechischen Literatur findet der Begriff Charisma eher selten und unthematisch Anwendung.[13] Die moderne, wissenschaftliche Auseinandersetzung mit dem Charisma-Begriff beziehungsweise mit dem Charisma-Phänomen wurde von Max Weber eingeleitet. Max Weber stellt fest:

> „Charisma soll eine als außeralltäglich geltende Qualität einer Persönlichkeit heißen, um derentwillen sie als mit übernatürlichen oder übermenschlichen oder mindestens spezifisch *außeralltäglichen*, nicht jedem anderen zugänglichen Kräften oder Eigenschaften begabt oder als gottgesandt oder als vorbildlich und deshalb als ‚*Führer*' gewertet wird [...] darauf allein, wie sie tatsächlich von den charismatisch Beherrschten, den ‚Anhängern', bewertet wird, kommt es an."[14]

Weiter differenziert Marcel Légaut zwischen drei Arten von Charismen. Konträr zu Weber, der angibt, Charisma sei etwas Außeralltägliches und gar übernatürlich, führt Légaut an, dass jeder Mensch Charismen besitze, abhängig von individuellen geistigen und geistlichen Fähigkeiten. Charismen entstünden seiner Auffassung nach aufgrund einer Anwendung dieser individuellen Fähigkeiten und einer Treue zu sich selbst. Dabei unterscheidet er Charismen von funktionalem Charisma, das mit einem Amtscharisma gleichzuset-

10 Vgl. Lipp (1985), S. 67.
11 Vgl. Hatscher (2000), S. 39.
12 Vgl. Hatscher (2000), S. 39.
13 Vgl. Gerber (1998), S. 175.
14 Weber (1956), S. 140.

zen ist. Dieses bevollmächtigt etwa zu einer Amtsausübung in der Kirche. Im Hinblick darauf ist das Amtscharisma im Zusammenhang mit der Persönlichkeit des Amtsbevollmächtigten, dem Amt und der kirchlichen Situation zu verstehen. Die dritte Erscheinungsform von Charisma ist nach Légaut viel komplexer beschrieben. Er bezeichnet diese Charismen als „spontane oder soziologisch unterhaltende Dinge“[15], die jedoch weder ausschließlich auf die Persönlichkeit oder die spirituelle Realität des Einzelnen zurückzuführen noch durch eine persönliche Treue oder eine Amtsausübung in der Kirche bedingt sind.[16]

Die Vieldeutigkeit des Charisma-Begriffs ist augenscheinlich und offenbart zugleich den geheimnisvollen Charakter dieser Begrifflichkeit, da sich Charisma nicht kategorisch einordnen und erklären lässt. In dieser Hinsicht ist anzunehmen, dass dem Charisma eine Individualität innewohnt, die zwar von Mensch zu Mensch differieren und in jeweils unterschiedlichen Ausprägungen zutage treten kann, jedoch insgesamt als Charisma wahrgenommen wird. Ebenso verbindet man mit der Vieldeutigkeit sowie der Undurchschaubarkeit des Charisma-Begriffs selbst eine charismatische Eigenschaft.

Das Phänomen Charisma lebt regelrecht aus seiner Widersprüchlichkeit.[17] Somit scheint Charisma gerade wegen seiner Unabhängigkeit von den Definitionen als charismatisch zu gelten. Der Charisma-Begriff beinhaltet eine Reihe von extrem voneinander abweichenden Begriffsbedeutungen. Diese semantische Uneinheitlichkeit kommt vor allem in den unterschiedlichen Meinungen darüber zum Ausdruck, welcher Persönlichkeit Charisma zuerkannt wird. Dieses Ungleichgewicht findet sich in der Zuschreibung von Charisma auf Jesus und Hitler wieder. Wie kontrovers die Begriffsdeutungen sind, ist in der Gegenüberstellung dieser beiden Persönlichkeiten unübersehbar. Indem eine persönlichkeitsorientierte Betrachtung des Charisma-Begriffs vorgenommen und auf den Ur-

15 Fein/Staudt (1979), S. 45.
16 Vgl. Fein/Staudt (1979), S. 45–46.
17 Vgl. Lipp (1985), S. 78.

sprung der Begrifflichkeit verwiesen wird, werden Eigenschaften dieser beiden Persönlichkeitstypen aufgezeigt, die dazu beitragen, Charisma eindeutiger zu definieren oder vielmehr Charisma zu verifizieren. Auf diese Weise wird die Diskrepanz in den Begriffsbedeutungen relativiert. Anhand einer Überprüfung der Hypothesen werden Eigenschaften einer charismatischen Persönlichkeit aufgedeckt, die dazu beitragen, „Charisma" von „inszeniertem Charisma" unterscheiden zu können. In diesem Zusammenhang wird davon abgesehen, die Inszenierung von Charisma als Ausgangspunkt der Analyse zu nehmen, um in der Folge zwischen Charisma und inszeniertem Charisma zu unterscheiden und das eine dem anderen vorzuziehen. Angesichts der äußerst gegensätzlichen Persönlichkeiten von Jesus und Hitler nimmt die Bedeutungsvielfalt der Begrifflichkeit eine zentrale Rolle ein, wobei jedoch eine Gleichsetzung dieser beiden Persönlichkeiten im Hinblick auf Charisma das Charisma-Phänomen selbst in Frage stellen und dieses sogar in Verruf bringen würde. Eine Differenzierung zwischen den beiden Persönlichkeitstypen anhand ihrer gegensätzlichen Persönlichkeiten enthüllt auch die unterschiedlichen Eigenschaften und Zielsetzungen der beiden. Auf dieser Grundlage wird die Argumentation plausibel, dass eine Erforschung der Persönlichkeit des Charismatikers als notwendige Grundbedingung für eine Entschlüsselung von Charisma anzusehen ist. Nachfolgende theologische Annäherung an den Charisma-Begriff ist dabei die Voraussetzung für eine eingehende Untersuchung des Charisma-Phänomens und seiner ursprünglichen Bedeutung.

2.1 Ursprung der Charismentheologie

Von dem Begriff Charisma wird heutzutage sowohl in der Kirche als auch in der Gesellschaft in unterschiedlichster Weise Gebrauch gemacht. Dementsprechend verbindet man damit unterschiedliche Begriffsdeutungen. Die paulinische Konnotation von Charisma bezieht sich auf die durch den Geist Gottes vermittelte Gnadengabe.[18] Der Ursprung der Charismenlehre definiert Charisma als eine Gnadengabe, die auf ein Wirken des Heiligen Geistes zurückzuführen ist. Der Heilige Geist ist also als die Quelle dieser Gnadengabe anzusehen.[19]

Im Neuen Testament wird Charisma als eine besondere Gnadengabe des Heiligen Geistes (1 Kor 12,7) bezeichnet.[20] Nach Walter Schmithals ist der Heilige Geist als die heilige und heiligende Macht Gottes definiert, da er die Kraft Gottes verkörpert. Die Wirkung des Heiligen Geistes bemächtigt in diesem Kontext zu besonderen Gaben. Paulus bezeichnet diese Gaben als *Pneumatikà*, sprich Geistphänomene (1 Kor 12,1; 14,1). Ein anderes Wort für diese Gaben ist *Charismata* und meint damit außerordentliche Gnadengaben. Des Weiteren kategorisiert Paulus Charismen in von Gott verliehene „Dienste“ (1 Kor 12, 4–6).[21] Im ersten Brief des Paulus an die Korinther wird die Liebe als die höchste Geistesgabe angeführt (1 Kor 13).[22] Hier kann eine Parallele zu den griechischen Ursprüngen des Charisma-Begriffs aufgezeigt werden, die Charisma als eine Liebenswürdigkeit beschreiben. Es fällt jedoch auf, dass der Heilige Geist immer als Voraussetzung für eine Entstehung von Charisma genannt wird. Das Wirken des Heiligen Geistes ist in diesem Sinne als ein „Ergriffensein“ durch den Geist zu interpretieren, wodurch Charisma entstehen kann.[23]

J. Van der Ven nennt die Kirche als das Bauwerk des Heiligen Geistes.[24] Hierbei bezieht er sich auf die pneumatischen und messianischen Glaubensgemeinschaften der ersten Generation von Christen und Juden, da diese der Jesusbewegung angehörten und davon ergriffen waren. Eine Auseinandersetzung mit Jesus entfachte in ihnen eine geistige Erregung, die als Geistesgabe Jesu oder als

18 Vgl. Muther (2010), S. 280.
19 Scheungraber (2012), S. 7.
20 Vgl. Luther (1982), S. 199.
21 Vgl. Fein/Staudt (1979), S. 25–28.
22 Vgl. Luther (1982), S. 200–201.
23 Scheungraber (2012), S. 7.
24 Vgl. Gerber (1998), S. 174.

Pneuma gedeutet wurde. Die Semiotik betreffend stellt Van der Ven fest, dass diese Glaubensgemeinschaften ihre eigene Geisteskraft als aus der Kraft Jesu entstammend interpretierten und somit ihre mentale Inspiration als Zeichen einer Inspiration durch Jesus empfanden. Im Hinblick darauf gab ihnen die Nähe zu Jesus Kraft und diente ihnen als Inspiration. Eine Gleichstellung des menschlichen Geistes mit dem Geist Jesu wird dabei negiert, da der Geist Jesu zwar in den menschlichen Geist eindringt, ihn dabei ergreift und formt, jedoch nicht mit dem menschlichen Geist verschmilzt. Die außerordentliche Kraft des Geistes komme demzufolge im Charisma zum Ausdruck. Aus diesem Grund ist die Wirkungsweise und Wirkung von Charisma im Sinne des Heiligen Geistes als Fundament der Kirche anzusehen.[25] Nach biblischem Verständnis ist die Kirche nicht als ein Gebäude oder eine Institution beschrieben, sondern der Mensch als Tempel des Heiligen Geistes (1 Kor 3,16).[26] Hierbei wird die Verantwortung hervorgehoben, die man für sich selbst sowie für andere trägt und zum Beispiel in einem wertschätzenden Verhalten zum Ausdruck kommt.

Der Heilige Geist befähigt somit zur höchsten Geistesgabe, die als persönliche charismatische Eigenschaft dazu ermächtigt, im zwischenmenschlichen Bereich mit Liebe zu agieren. Diese Fähigkeit ist aus theologischer Sicht die wichtigste Eigenschaft, die eine charismatische Führungspersönlichkeit kennzeichnet.

2.1.1 Die paulinische Charismentheologie

Mit dem Begriff Charisma werden im theologischen Bereich eine Begabung oder Befähigung zum Empfang von Offenbarungen, Erleuchtung oder Inspiration in Verbindung gebracht. Auch ist von religiöser Innovation und Devianz die Rede, die in einer Kreation anerkannter Autorität zum Ausdruck kommt.[27] Der paulinische

25 Vgl. Gerber (1998), S. 174–175.

26 Vgl. Luther (1982), S. 192.

27 Vgl. Mückler (2010), S. 34.

Charisma-Begriff erfuhr insbesondere im Neuen Testament der Bibel eine enorme Prägung. In den Briefen des Paulus findet sich dafür sowohl in den Römer- als auch in den Korintherbriefen eine Vielzahl an Belegen.[28] Im ersten Brief an die Korinther werden zahlreiche Charismen, wie zum Beispiel Glaube, Prophetie, Weisheits- und Erkenntnisrede, angeführt. In diesem Zusammenhang erwähnt Paulus die Unterschiedlichkeit dieser von Gott gegebenen Gaben und stellt fest, dass jeder gemäß der von Gott verliehenen Gnade von diesen Gaben empfängt.[29] Der Begriff Charisma erhält aus dieser Perspektive eine sehr religiöse Signifikanz. Die ursprüngliche Bedeutung „Geschenk“ oder „Gabe“ bleibt aber erhalten. Sie steht nun in Bezug zu Gott und impliziert somit ein Geschenk Gottes an den Menschen. Als Charisma wird demnach auch das allumfassende Handeln Gottes in Jesus aus Gnade dargestellt (Röm 5, 15 f.). Ebenso wird das Geschenk des ewigen Lebens (Röm 6, 23) als Charisma gedeutet.[30]

Darüber hinaus assoziierte Paulus das Gnadengeschenk Charisma mit einer Diensterfüllung in der Gemeinde.[31] Charisma wird in diesem Zusammenhang als eine von Gott verliehene Gabe verstanden, in der Gemeinde eine spezielle Funktion auszuüben. Mit der Gnadengabe Charisma wird somit das Funktionieren des Gemeinwesens gesichert.[32] Hierbei wird deutlich, dass sich die Gnadengabe zu einem an ein Amt gebundenes Charisma formierte. Kennzeichnend für das Amtscharisma ist, dass es auf Dauer zuerkannt wird und nicht rückgängig gemacht werden kann. Das Charisma illustriert demnach eine Kompetenz zur Amtsführung.[33] Paulus verwendet den Charisma-Begriff in diesem Kontext für bestimmte Dienste, die Personen aufgrund ihrer sozialen Stellung zugeteilt werden.[34]

28 Vgl. Gerber (1998), S. 175–176.
29 Vgl. Hatscher (2000), S. 40.
30 Vgl. Gerber (1998), S. 175–176.
31 Vgl. Gerber (1998), S. 198.
32 Vgl. Häusermann (2001), S. 5.
33 Vgl. Gerber (1998), S. 198.
34 Vgl. Wagner (2011), S. 84.

Es zeichnet sich ab, dass der theologisch geprägte Charisma-Begriff erhebliche Unterschiede zum allgemeinen Charisma-Begriff aufweist und davon weit entfernt ist. Im theologischen Kontext wird Charisma als eine Gnadengabe erst durch ein Amt oder als göttliche Gabe verliehen. Dabei kennzeichnet Charisma keine Fähigkeit, die von Natur aus gegeben ist.[35] Die Theologie beschreibt Charisma vielmehr als ein Geschenk Gottes an den Menschen. Der Glaube bewirkt ein Wirken des Heiligen Geistes im Menschen und befähigt diesen zu besonderen Gaben, die zum Beispiel in der Prophetie, der Weisheits- und Erkenntnisrede, der Liebe und dem Charisma zum Ausdruck kommen. Dabei wird Charisma von einem Amtscharisma unterschieden, das zur Ausübung eines charismatischen Amtes bevollmächtigt.

2.1.2 Paulinische Ethik

Die christologische Argumentation der paulinischen Ethik bedient sich auch des Phänomens der christlichen Taufe. Die Taufe führt zu einer Erneuerung der Menschen (vgl. Röm 6), weil der Getaufte frei von Sünde wird. In der Bibel ist in diesem Sinne von der Entstehung einer neuen Kreatur oder eines neuen Menschen die Rede.[36] Die allgemeine Befähigung zum Geist wird deshalb durch die Taufe vermittelt und geht zurück auf das Oster- und Pfingstgeschehen. Getaufte Christen werden als das pneumatische und prophetische Volk Gottes bezeichnet (Apg 2,17–21). Nach diesem Verständnis erfährt der Mensch durch den Akt der Taufe das Wirken Gottes und formiert sich somit aus der Gnade Gottes zu einer neuen Existenz. Diese Gnadengabe wird wiederum durch den Heiligen Geist bewirkt.[37] Dasselbe gilt für die pneumatologisch-charismatisch begründete Ethik. Die Kraft des Geistes befähigt in diesem Kontext zu neuem Wandel und einem Leben als „Frucht des Geistes“ (Röm

35 Vgl. Häusermann (2001), S. 5.
36 Vgl. Luther (1982), S. 179.
37 Vgl. Gerber (1998), S. 180.

8,2 ff.; Gal 5,16 ff.).[38] In Galater 5, Verse 22 wird angeführt: „Die Frucht des Geistes aber ist Liebe, Freunde, Friede, Geduld, Freundlichkeit, Güte, Glaube, Sanftmut, Selbstbeherrschung, Treue."[39] Diese Eigenschaften prägen aus theologischer Sicht eine charismatische Persönlichkeit, als Folge der Wirkungskraft des Heiligen Geistes im Menschen.

Charisma wird im Hinblick auf die Pneumatologie des Geistes auch mit einer bestimmten Zuteilung und Individuation von Geistesgaben in Zusammenhang gebracht.[40] In 1. Korinther 7, Vers 7 heißt es, „[...] ein jeglicher hat seine eigene Gabe von Gott, einer so, der andere so".[41] Korinther 12, Verse 7–11: „In einem jeglichen offenbaren sich die Gaben des Geistes zu gemeinem Nutzen. Einem wird gegeben durch den Geist zu reden von der Weisheit; dem anderen wird gegeben, zu reden von der Erkenntnis, nach demselben Geist. [...] Dies alles aber wirkt derselbe eine Geist und teilt einem jeglichen das Seine zu, wie er will."[42] Das Wirken des Heiligen Geistes bedingt folglich charismatische Gaben und befähigt zu neuen Eigenschaften und Fähigkeiten.

Demnach wird durch den Heiligen Geist, als Quelle des Charismas, Jesus erfahrbar.[43] Der Glaube wird somit aus theologischer Sicht als Grundvoraussetzung für das Wirken des Heiligen Geistes im Menschen angeführt. Aus theologischer Perspektive argumentiert man diesbezüglich mit dem Heiligen Geist als Kriterium für die Entstehung von Charisma, insofern der Mensch durch den Heiligen Geist zu einer neuen Kreatur formiert wird, die im geistlichen Sinne Charisma als Geschenk Gottes empfängt. Deshalb meint die Taufe vornehmlich eine geistliche Taufe, die durch den Glauben bewirkt wird.

In diesem Zusammenhang nimmt der Begriff Charisma jedoch eine relativ untergeordnete Rolle ein. Die Auffassung eines Auser-

38 Vgl. Studienbuch. TRE (1993), S. 446.
39 Luther (1982), S. 219.
40 Vgl. Studienbuch. TRE (1993), S. 446.
41 Luther (1982), S. 194.
42 Luther (1982), S. 199–200.
43 Vgl. Gerber (1998), S. 180.

wähltseins, die auf eine Gnadengabe Gottes zurückzuführen ist, scheint daneben von großer Bedeutung zu sein.[44]

2.1.3 Das Wirken des Heiligen Geistes[45]

Der Heilige Geist als Quelle und Ursprung der geistlichen Gabe Charisma ist auf eine Wirkung, die durch den Glauben bedingt ist, zurückzuführen. Im Hinblick darauf wird in diesem Kapitel der Frage nachgegangen, in welchen Bereichen der Heilige Geist seine Wirksamkeit entfalten kann, und zugleich die Charisma-Wirkung geschildert, die durch den Heiligen Geist erzielt wird.

In 1. Mose 1 Vers 2 begegnet uns der Heilige Geist schon bei der Schöpfung. „Und die Erde war wüst und leer, und es war finster auf der Tiefe; und der Geist Gottes schwebte auf dem Wasser."[46] Ebenso war der Heilige Geist bei der Menschwerdung Jesu gegenwärtig (Luk 1,35).[47] In Johannes 3 Verse 3–6 kommt zum Ausdruck, dass es ohne den Heiligen Geist keine Bekehrung gibt. Daneben wird in Johannes 14 Vers 26 erwähnt, dass weder eine rechte Lehre noch eine Mission stattfinden kann ohne den Heiligen Geist. Der Heilige Geist wird gemäß Johannes 3 Vers 5 auch mit Wasser in Verbindung gebracht. Ferner wird der Heilige Geist in Apostelgeschichte 2 Verse 2–3 mit einem Brausen verglichen, wie Wind der über die Jünger in Form von Zungen wie Feuer erschien. Auch die Fähigkeit in verschiedenen Sprachen zu sprechen, wird in Apostelgeschichte 2 Vers 4, als eine Gabe des Heiligen Geistes angeführt. Weiter wird der Heilige Geist in Apostelgeschichte 1 Vers 8 als Kraft dargestellt. In den Bibelversen 1. Mose 2 Vers 7, 1. Mose 6 Vers 3, Hesekiel 37 Vers 5 und Psalm 104 Verse 29–30 wird darauf eingegangen, dass der Heilige Geist irdisches Leben als auch Tod wirkt. So erscheint in Psalm 104, der Heilige Geist als Odem aus dem der Mensch geschaffen ist. Außerdem wird in Johannes 3 Ver-

44 Vgl. Felten/Kehnel/Weinfurter (2009), S. 308.
45 Vgl. Schaidinger (PDF).
46 Luther (1982), S. 7.
47 Vgl. Luther (1982), S. 67.

se 5–8, Johannes 6 Vers 63 sowie in 2. Korinther 3 Vers 6 illustriert, dass der Heilige Geist auch geistliches Leben und Tod wirkt.

In Johannes 16 Verse 13–15 wird auf den Heiligen Geist als Urheber der Prophetie hingewiesen. Daneben wird in 2 Petrus Verse 20–21 erwähnt, dass allein der Heilige Geist die Prophetie ermöglicht: „[…] es ist noch nie eine Weissagung aus menschlichem Willen hervorgebracht; sondern von dem Heiligen Geist inspiriert haben Menschen im Namen Gottes geredet.“[48]

Nach theologischem Verständnis, kann Gott durch den Heiligen Geist in den unterschiedlichsten Bereichen seine Wirksamkeit entfalten. In Bibelversen findet sich unter anderem der Beleg dafür in Sacharja 4 Vers 6: „Es soll nicht durch Heer oder Kraft, sondern durch meinen Geist geschehen.“[49]

In diesem Zusammenhang wird der Heilige Geist als die Quelle des irdischen und geistlichen Lebens präsentiert, indem Gott durch den Heiligen Geist wirkt und dadurch das Weltgeschehen lenkt.

2.2 Der sozialwissenschaftliche Begriff Charisma

Neben dem theologischen Verständnis des Charisma-Begriffs, das sich auf den Apostel Paulus zurückführt, geht die sozialwissenschaftliche Bedeutung auf den Philosophen und Soziologen Max Weber zurück. Weber formulierte im Rahmen seines Konzepts der charismatischen Herrschaft die Signifikanz einer sozialen Beziehung zwischen dem Träger von Charisma und den Charisma-Gläubigen.[50] Er ging davon aus, dass mit dem Begriff Charisma eine außeralltägliche Qualität einer Persönlichkeit verbunden ist. Von größter Bedeutung für diese charismatische Qualität war jedoch stets die Anerkennung des Charisma-Trägers durch seine „Anhänger“ beziehungsweise die Charisma-Gläubigen.[51]

48 Luther (1982), S. 252–253.
49 Luther (1982), S. 881.
50 Vgl. Mückler (2010), S. 34.
51 Vgl. Weber (1956), S. 140.

Der Begriff nach Max Weber beinhaltet – unter Nichtbeachtung der Weber'schen Definition – einen theologisch-religiösen sowie naiv-psychologischen Zugang. Für die Weber'sche Definition hingegen sind der historische, soziologische und psychologische Zugang relevant. Der Charisma-Begriff wird nach theologischem Verständnis ausschließlich als Gabe Gottes gedeutet. Aus sozialwissenschaftlicher Sicht wird angenommen, dass Charisma anhand von Regeln erlernbar ist. In diesem Kontext ist der Bedeutungsinhalt von Charisma eher auf eine „Ausstrahlung" zurückzuführen. Sowohl im theologischen Zugang als auch im naiv-psychologischen Zugang findet die Definition von Charisma nach Max Weber keine Berücksichtigung. Konträr dazu beziehen sich die psychologischen, soziologischen und historischen Beiträge der Charismenforschung auf Max Webers Ansatz.[52] Gert Melville führt an, dass sich der Begriff jedoch nie von seinem theologischen Ursprung löst.[53]

2.2.1 Max Webers Bezug zur Charisma-Thematik

Max Webers Bezug zur Charisma-Thematik kommt darin zum Ausdruck, dass er den Charisma-Begriff zum Angelpunkt seiner Herrschafts- und Religionssoziologie machte. Mit seinem Konzept der „Veralltäglichung" zeigte er das Wirken und die Wirkungsweise von Charisma im Alltag sowie in Bereichen der Wirtschaft auf.[54]

Zuerst setzte Weber den Charisma-Begriff religionssoziologisch ein, daran anschließend verwendete er ihn allgemein zur typologischen Klärung von Herrschaft, indem er sich mehr auf die Wirkung charismatischer Qualität bezog.[55] Weber führte im Rahmen seiner Herrschaftssoziologie den Begriff Charisma ein. In diesem Zusammenhang differenziert er zwischen Herrschaft und Macht. Er definiert Macht als eine Möglichkeit, seinen Willen trotz Widerstreben durchzusetzen. Herrschaft ist im Gegensatz dazu legitimiert und ist

52 Vgl. Hatscher (2000), S. 19–22.
53 Vgl. Felten/Kehnel/Weinfurter (2009), S. 308.
54 Vgl. Lipp (1985), S. 7, Vorwort.
55 Vgl. Felten/Kehnel/Weinfurter (2009), S. 308.

auf eine gesellschaftliche Akzeptanz zurückzuführen – eine Akzeptanz, die nicht erzwungen werden muss, um Herrschaft ausüben zu können.[56] Für Weber ist die charismatische Herrschaft einer der grundlegenden Idealtypen von Herrschaft überhaupt,[57] wobei die Akzeptanz in einer Anerkennung zum Ausdruck kommt, einer „aus Begeisterung oder Not und Hoffnung geborenen, gläubigen, ganz persönlichen Hingabe".[58] Ein weiterer Beleg dafür, dass charismatische Personen dazu im Stande sind, Herrschaft auszuüben, ist, dass sie in ihrem Wirkungskreis enorm anerkannt werden und deshalb eine zentrale Position in der Gesellschaft innehaben. Sie stehen im Zentrum des Handlungsfeldes. Die Anerkennung kommt in diesem Kontext dem Charismatiker an sich zu und bedarf keines Legitimationsgrundes.[59]

Nach Weber hat die charismatische Herrschaft in ihrer ursprünglichen Form einen außeralltäglichen Charakter. Sie spiegelt eine persönliche soziale Beziehung wider, die von der Charisma-Geltung, persönlichen Qualitäten und deren Bewährung abhängig ist.[60] Er stützt sich in seiner Charisma-Forschung dabei auf den ersten Band des Kirchenrechts (Erscheinungsjahr: 1892) von Rudolph Sohm (1841–1917) und auf eine Studie des griechischen Mönchtums im Frühchristentum von Karl Holls (1866–1926) (Erscheinungsjahr: 1898). Beide Werke haben den Charisma-Begriff von Paulus aus dem Neuen Testament übernommen.[61]

2.2.2 Der Begriff Charisma bei Max Weber

Nach dem Charisma-Konzept von Weber wird Charisma als eine Qualität der Persönlichkeit charakterisiert, die herausragend, magisch und übernatürlich sein kann. Auch wird davon ausgegangen,

56 Vgl. Neuberger (2002), S. 146–147.
57 Vgl. Lipp (1985), S. 64.
58 Lipp (1985), S. 64.
59 Vgl. Lipp (1985), S. 64.
60 Vgl. Weber (1956), S. 142.
61 Vgl. Hatscher (2000), S. 39.

dass Charisma auf bereits geschaffene Ordnungen übertragbar ist. Entscheidend ist jedoch, wie der Charisma-Träger in der Gesellschaft wahrgenommen und bewertet wird, und nicht, wie diese charismatische Persönlichkeit per se ist. Die Gefolgschaft kann sich in diesem Sinne einer als Pflicht erlebten und dennoch freiwilligen Hingabe und Wertschätzung nicht entziehen.[62]

Webers Auffassung des Charismatikers geht auf den Urtypus des Propheten zurück, wobei auch hier die Akzeptanz der Wirkung als wesentliches Merkmal anzusehen ist.[63] Er führt an: „Über die Geltung des Charisma entscheidet die durch Bewährung – ursprünglich stets: durch Wunder – gesicherte freie, aus Hingabe an Offenbarung, Heldenverehrung, Vertrauen zum Führer geborene, Anerkennung durch die Beherrschten. [...] Bleibt die Bewährung dauernd aus, zeigt sich der charismatisch Begnadete von seinem Gott oder seiner magischen oder Heldenkraft verlassen, bleibt ihm der Erfolg dauernd versagt, [...] so hat seine charismatische Autorität die Chance, zu schwinden. Dies ist der genuine charismatische Sinn des Gottesgnadentums."[64] Des Weiteren verbindet Martin Kintzinger mit Verweis auf eine biblische Metapher – „Denn viele sind berufen, aber wenige sind auserwählt" (Matth. 22,14)[65] – den Begriff der Berufung oder eines sich „Berufenfühlens" mit Charisma. Mit der Berufung wird eine besondere Begabung oder Beauftragung assoziiert, die in Glauben und Religion gründet. In diesem Zusammenhang finden eine Inanspruchnahme der Berufung und die ständige Akzeptanz der Umwelt in der Geltung des Charismas ihren Ausdruck. Nach diesem Verständnis kann so auch von einer Auserwählung gesprochen werden, die sich auf einen religiösen Kontext bezieht. Aus diesem Grund ist der Charismatiker als Typus vornehmlich der Religiöse. Diese Auffassung geht mit der von Weber einher, der zuerst den Propheten als erste charismatische Prämisse nennt. Aus diesem Grund wird der Charismatiker zuerst

62 Vgl. Neuberger (2002), S. 146–147.
63 Vgl. Felten/Kehnel/Weinfurter (2009), S. 308.
64 Weber (1956), S. 140.
65 Luther (1982), S. 31.

als der Religiöse typisiert. An den religiösen Charismatiker werden Erwartungen geknüpft, die in besonderen Wundertaten zum Vorschein kommen. Gesetzt den Fall, er wird diesen Erwartungen gerecht, kann dies sein Charisma bestätigen und stärken. Im Umkehrschluss ist es möglich, dass ein Scheitern an den Erwartungen sein Charisma in Frage stellt.[66]

Gerd Theißen verwendet etwa die herausragende Autorität Jesu für den religionswissenschaftlichen Charisma-Begriff. Er begreift Charisma als „irrationale Ausstrahlungskraft auf andere Personen“[67] und bestätigt dabei Webers Auffassung. Analog dazu bezieht er sich auf den paulinischen Sprachgebrauch, da Charisma in diesem Sinne in einer außergewöhnlichen Begabung wie zum Beispiel der Prophetie zum Ausdruck kommt.[68]

Max Weber interpretiert im Gegensatz zu Paulus Charisma als soziologisches Phänomen, das nicht dauerhaft an eine institutionelle Tätigkeit gebunden ist. Die Theologie hingegen argumentiert, Charisma sei als Grundvoraussetzung anzusehen, einen Dienst in der Gemeinde zu erfüllen.[69] Obgleich Weber den Charisma-Begriff als magische und außeralltägliche Qualität beschreibt, knüpft er die Charisma-Geltung stets an eine von der Bewährung und von einer Anerkennung durch die Beherrschten abhängige Variable, indem er die Signifikanz einer Abhängigkeit zwischen dem Träger von Charisma und den Charisma-Gläubigen betont. Dies sei der genuine charismatische Sinn des „Gottesgnadentums“. Die Theologie argumentiert hingegen mit einem Geschenk Gottes an den Menschen, das ihn von dieser Abhängigkeit befreit. Nach diesem Verständnis bewirkt allein der Glaube diese Freiheit, mit der man die Abhängigkeit von der Anerkennung überwindet. Diese Unabhängigkeit zählt demnach zu Charisma aus theologischer Perspektive.

---

66 Vgl. Felten/Kehnel/Weinfurter (2009), S. 310.

67 Kellner (2011), S. 65.

68 Vgl. Kellner (2011), S. 64–65.

69 Vgl. Wagner (2011), S. 84.

2.2.3 Charisma aus theologischer und soziologischer Sicht

Max Weber trug mit seiner Definition des Charisma-Begriffs zu einer Erweiterung der Bedeutungsvielfalt bei und qualifizierte ihn über eine methodische und innertheologische Abhandlung hinaus für eine Reihe sozialer Phänomene. In der Religionswissenschaft wurde „Charisma" speziell nach Webers Konzeption zur populären Interpretationskategorie. Weber stellt fest, Charismen seien „Wirkungen von Seele und seelischen Kräften auf Seelen, die den Rahmen normaler seelischer Wirkungen [...] weit überschreiten."[70] Joachim Wach differenziert den Charisma-Begriff in unterschiedliche Typen religiöser Autorität und zieht eine Trennung in den Definitionen zwischen persönlichem Charisma und einem Charisma des Amtes.[71] Ebenso verwendet die Theologie den Charisma-Begriff in einer generalisierten Semantik. Einerseits bezieht sich Charisma auf die paulinische Pneumatologie, andererseits wird der Begriff dafür benützt, persönliche Fähigkeiten zu beschreiben, und insbesondere für Führungspersönlichkeiten wie Jesus verwendet.[72] Die paulinische Pneumatologie argumentiert mit Charisma als einem Geschenk Gottes an den Menschen, weil das Wirken des Heiligen Geistes besondere Fähigkeiten wie zum Beispiel die Prophetie und die Liebe bedingt. Für die Führungsperson Jesus sind diese Fähigkeiten wiederum ein charakteristisches Merkmal seiner Persönlichkeit. In diesem Kontext können theologische und soziologische Motive getrennt voneinander betrachtet und analysiert werden. Der Unterschied zum paulinischen Verständnis ist bei Jesus unter anderem in der Betonung der persönlichkeitsorientierten Sicht begründet.

Die Soziologie sieht eher die soziale Beziehung zwischen dem Führer und den Geführten als entscheidendes Argument für Cha-

70 Kellner (2011), S. 64.
71 Vgl. Kellner (2011,) S. 64.
72 Vgl. Kellner (2011), S. 64–65.

risma an und nimmt somit von der Persönlichkeit des Führers Abstand.[73]

2.3 Charisma aus Perspektive der modernen Führungs- und Managementlehre

Zu Beginn der 70er Jahre wandte sich eine Reihe bekannter Organisationspsychologen dem Begriff Charisma zu und fokussierte sich infolgedessen auf die Umsetzbarkeit von Charisma in Unternehmen. Dabei konzentrierten sie sich auf den Menschen im Unternehmen, indem sie Charisma als eine besondere Art der Führung definierten.[74] Ihre Schlussfolgerung lautet: „Führung ist Verhalten, Verhalten ist erlernbar, somit ist auch Charisma erlernbar."[75] Daneben wies Conger nach, dass bestimmte rhetorische Mittel Charisma steigern können.[76]

In der Organisationspsychologie ist der Begriff der charismatischen Führung mit Webers Auffassung gleichzusetzen. Charisma wird in diesem Sinne als ursächlich dafür genannt, warum Mitarbeiter ihrer Führungsperson Anhängerschaft leisten.[77] Der französische Soziologe Pierre Bourdieu (1930–2002) erforschte verschiedene Verhaltensweisen, die ausschlaggebend dafür sind, dass jemand als charismatisch empfunden wird, und erweiterte den Charisma-Begriff um eine soziale Komponente. Er beschreibt den Sinn für Ästhetisches, beispielsweise den Geschmack bei der Auswahl äußerer Zeichen wie der Kleidung oder den Dingen, mit denen man sich umgibt und mit denen man sich beschäftigt, als einen Ausdruck von Charisma. In diesem Sinne widerspricht er der Auffassung, Charisma sei eine gottgegebene Gabe, und betont eine sozial-kulturell konstruierte Perspektive, indem er anführt, dass sowohl symbolisches als auch

73 Vgl. Schreyögg/Sydow (1999), S. 210.
74 Vgl. Müller (2012), S. 17.
75 Müller (2012), S. 17.
76 Müller (2012), S. 17.
77 Trice/Beyer (1986). Vgl. Karipidis (2012), S. 22.

soziales Kapital bestimmend für Charisma seien.[78] Korrespondierend mit dem soziologischen Verständnis des Charisma-Begriffs geht Stéphane Etrillard davon aus, dass Charisma auch aus Sicht von außen entsteht, es also von der Zustimmung der Öffentlichkeit abhängig ist, ob jemand als charismatisch bezeichnet wird. Er gibt an, Charisma komme aus dem Inneren, werde aber von außen zugeschrieben. Dabei differenziert er zwischen der Selbst- und Fremdwahrnehmung in Bezug auf die Charisma-Geltung. Eine Zuerkennung von Charisma sei in diesem Sinne ausschließlich von der Fremdwahrnehmung abhängig.[79]

Das Dreistufenmodell der charismatischen Führung von Conger und Kanungo basiert auf der Vorstellung, dass die Wahrnehmung der Geführten hinsichtlich des Verhaltens der Führungsperson dazu führt, dass einer Führungsperson Charisma zugeschrieben wird. Dieses Modell zeigt Charismatiker als agierende Führungspersönlichkeiten, die das Unternehmen strategisch durch verschiedene Stadien der Entwicklung führen. Die erste Phase ist dadurch gekennzeichnet, dass der charismatische Führer den Status quo ermittelt, um Unzulänglichkeiten und Probleme aufzuspüren. Anschließend formuliert und artikuliert er effektiv die Organisationsziele und vermittelt diese in einer strategischen und inspirierenden Vision. Während der dritten Stufe ist der charismatische Führer darum bemüht, durch bestimmte Verhaltensweisen zu motivieren und Vertrauen und Loyalität bei den Geführten zu erzeugen. Mit seinem Verhalten nimmt er eine Vorbildfunktion ein, zeigt Opferbereitschaft und Risikobereitschaft. Dieses unkonventionelle Verhalten erzeugt bei den Geführten emotionale Reaktionen wie Überraschung und Bewunderung und führt somit zu einer Anerkennung von Charisma.[80]

Die moderne Führungs- und Managementlehre ist von der Erlernbarkeit des Charismas überzeugt. Mehr noch als die soziologische Perspektive deutlich macht, kommt dabei der Außenwahrnehmung die entscheidende Bedeutung zu, ob jemand als charismatisch

78 Vgl. Enkelmann (2010), S. 62.
79 Vgl. Etrillard (2012), S. 68.
80 Vgl. Mendonca/Kanungo (2007), S. 37–40.

empfunden wird. Während die Theologie Charisma als ein geistliches Phänomen ansieht, dass im Innersten des Menschen aufgrund des Glaubens wirksam werden kann, argumentiert die Führungs- und Managementlehre mit einer primär auf Äußerlichkeiten beschränkten Sichtweise.

2.4 Entwicklung von Charisma durch Stigmatisierung

In den Sozialwissenschaften wurde seit 1970 der Begriff der Stigmatisierung in Zusammenhang mit der Charismaforschung vor allem durch die Arbeiten von Wolfgang Lipp geprägt.[81] Lipp stellt fest, dass eine grundlegende Erfassung von Charisma nur gewährleistet werden kann, wenn es mit seinem Gegenpart, dem „Stigma", in Verbindung gebracht und davon hergeleitet wird.[82] Als „Stigma" wird eine gesellschaftlich definierte, beobachtbare oder nicht erkennbare Eigenschaft von Personen bezeichnet, die eine in der Öffentlichkeit als negativ bewertete soziale Identität nach sich zieht.[83] Im Hinblick auf Charisma und Widerstand ist eine negativ bewertete soziale Identität von charismatischen Führungspersönlichkeiten nicht selten auf gewöhnliche Widerstände und deren Auswirkungen zurückzuführen.

Resultierend aus einer Beobachtung charismatischer Werdegänge hat sich Lipp mit der Entstehung von Charisma aus der Perspektive der Stigmatisierung beschäftigt, da die Karrieren von Charismatikern sehr oft in gesellschaftlichen Randzonen begonnen haben und sie deshalb häufig selbst Opfer von Stigmatisierungen waren. Aus soziologischer Sicht entsteht Charisma durch Interaktion. Deshalb untersuchte Lipp bestimmte Handlungsweisen auf ein charismatisierendes Potential, das dazu führt, einer Abwertung oder Ausgrenzung aus der Gesellschaft entgegenzuwirken. In diesem Zusammenhang erwähnt er die Selbststigmatisierung als eine Art Bekenntnis zum

81 Vgl. Hartmann (2006), S. 23.
82 Vgl. Lipp (1985), S. 78.
83 Vgl. De Gruyter (2004), S. 415.

Stigma.[84] Peter Gross führt an: „Selbststigmatisierung erfolgt mit dem Zweck, Stigmatisierung umzudrehen."[85] Selbststigmatisierung zielt nämlich darauf ab, Stigmata zu beseitigen, indem man versucht, die als Makel geltende Eigenschaft als eine positive Eigenschaft darzustellen, mit dem Ziel, das Ausgestoßensein in eine Auserwählung umzudeuten.[86]

Selbststigmatisierung ist so gesehen die intervenierende Variable, die zwischen Stigma und Charisma eine Verbindung herstellt.[87] Lipp stellt fest, dass Charisma im Sinne der Selbststigmatisierung nicht durch individuelles Handeln entsteht, sondern vielmehr durch die Reaktion Dritter auf bestimmte Handlungen und Äußerungen. Der exakte Sinn des Charismas wird demnach erst in den spezifischen Wechselwirkungen zwischen Handlungen des Selbststigmatisierers und der Deutung der Gesellschaft offenkundig.[88] Im Gegensatz zur Stigmatisierung stellt der Prozess der Charismatisierung den Erwerb, Transfer und die Wirkung von Gnadengaben, ‚strahlender' sozialer Macht in den Vordergrund.[89] Gesetzt den Fall, Stigmata beschädigen die Identität einer Person, wird angenommen, dass die Lebenschancen des Stigmatisierten mitunter erheblich eingeschränkt sind. Jedoch kann die Gesellschaft durch ein Bekenntnis des Stigmatisierten zur stigmatisierten Eigenschaft unter Legitimationsdruck geraten. So wird es möglich, die zuvor stigmatisierte Eigenschaft in Charisma überzuleiten.[90] Damit Stigma in Charisma umgewandelt werden kann, muss der Charismatisierung eine Dramatisierung vorausgehen.[91] Der Begriff der Dramatisierung wird nach Barthes auch synonym mit dem der Inszenierung verwendet.[92] Vorausgesetzt, Selbststigmatisierer sind dazu in der Lage, in ihrem Wirkungskreis dramatische Spannungen

84 Vgl. Hartmann (2006), S. 24.
85 Gross (2008), S. 70.
86 Vgl. Hartmann (2006), S. 24–25.
87 Vgl. Lipp (1985), S. 77.
88 Vgl. Schäfers; Stagl; Hutzel (2005), S. 18.
89 Vgl. Lipp (1985), S. 204.
90 Vgl. De Gruyter (2004), S. 416.
91 Vgl. Lipp (1985), S. 213–214.
92 Vgl. Brune (2003), S. 232.

zu entfachen, vermögen sie besondere Sachverhalte, die sie kommunizieren möchten, zu unterstreichen.[93]

Die Extremphänomene Stigma und Charisma verweisen wechselseitig aufeinander und sind de facto ineinander verschachtelt. Prozesse, die charismatische Qualitäten ausgebildet haben, sind oftmals ursprünglich in einer Stigmatisierung verwurzelt. Diese Prozesse können damit erst ausgehend von der Stigmatisierung in Extremformen umschlagen oder übergeleitet werden.[94]

2.5 Prestige und Stigma

Walter de Gruyter stellt fest: „Prozesse der Charismatisierung beziehungsweise der Stigmatisierung führen zu Prestige."[95] Mit dem Begriff Prestige verbindet man das gesellschaftliche Ansehen, den sozialen Status oder Wertschätzung. Im Gegensatz dazu wird mit Stigma eine Abwertung von Merkmalen und Eigenschaften einer Person in Verbindung gebracht, die durch eine negative Beurteilung hervorgerufen wurde.[96] Utsch führt als kennzeichnendes Merkmal für die Gegensatzpaare „Prestige" und „Stigma" an, dass beide von der Fremdwahrnehmung der Gesellschaft geprägt werden. Die Qualität der Fremdwahrnehmung wird wiederum maßgeblich beeinflusst von der jeweiligen Kultur, Historie und dem sozialen Gefüge.[97] Diese Sichtweise widerspricht jedoch der theologischen Argumentation, da Charisma aus einer theologischen Perspektive weder auf die Fremdwahrnehmung angewiesen noch von dieser abhängig ist.

Prestige konstituiert die unterschiedlichen Komponenten „Individual-Prestige" und „Sozial-Prestige". Während das Individual-Prestige auf besondere Persönlichkeitseigenschaften eines Menschen zurückzuführen ist, sind beim Sozial-Prestige Merkmale ent-

93 Vgl. Lipp (1985), S. 213–214.
94 Vgl. Lipp (1985), S. 77–78.
95 De Gruyter (2004), S. 415.
96 Vgl. De Gruyter (2004), S. 412.
97 Vgl. Utsch (2007), S. 67.

scheidend, die personenunabhängig fungieren, wie etwa die berufliche Stellung. In der Realität vollzieht sich eine Zuweisung von Prestige zum größten Teil auf der Grundlage einer Kombination beider Komponenten. Moderne soziologische Ansätze verbinden Prestige nicht nur mit einer individuellen Position einer sozialen hierarchischen Ordnung, sondern fokussieren vielmehr die Prestigewahrnehmung einer Gruppe und die daraus hergeleiteten Konsequenzen. Die sozialen Prozesse der Zugehörigkeit zu verschiedenen Statuspositionen werden in diesem Kontext besonders betont. Deshalb kommt der Prestigeordnung auch eine ideologische Funktion zu, nämlich die Stabilisierung und Sicherung von gegenwärtigen sozialen Ungleichheiten.[98] Es wird deutlich, dass die beiden Extremphänomene „Prestige“ und „Stigma“ ebenso wie „Charisma“ und „Stigma“ nahe beieinanderliegen und sich gegenseitig bedingen können – trotz ihrer Gegensätzlichkeit, besonders unter dem Aspekt der Entwicklung und Entstehung von Prestige oder Charisma.[99]

2.6 Die Bedeutungsvielfalt des Charisma-Begriffs

Im alltäglichen Verständnis wird mit Charisma eine Persönlichkeit assoziiert, der ein außergewöhnlicher Einfluss nachgesagt wird. Hierbei ist auch von einer charismatischen Wirkung die Rede.[100] In der Alltagssprache wird Charisma zumeist als eine individuelle Ausstrahlung definiert.[101] Im Hinblick darauf kann Charisma nicht auf die Definition von Max Weber reduziert werden, der anführt, dass der Charisma-Begriff außerhalb der Alltäglichkeit verwurzelt ist und damit eine Führergestalt mit charismatischer Ausstrahlung verbindet. Die Autorität des charismatischen Führers führt sich seiner Auffassung nach einzig und allein auf dessen Überzeugungs-

98 Vgl. De Gruyter (2004), S. 413.
99 Vgl. Scheungraber (2012), S. 31.
100 Vgl. Häusermann (2001), S. 3.
101 Vgl. Möller (2004), S. 5.

kraft und die damit einhergehende faszinierende Ausstrahlung zurück.[102] Weber definiert zudem Charisma als Ausdruck einer sozialen Beziehung zwischen dem Führer und den Geführten. Den Geführten kommt in diesem Kontext die wohl wichtigste Rolle zu, da sie dem Führer die entscheidende Akzeptanz und Anerkennung schenken.[103] Indem Weber in seinen Definitionen eher die Struktur sozialer charismatischer Beziehungen betont und in diesem Zuge von der Persönlichkeit des Charismatikers Abstand nimmt, versucht er den Grundgedanken seiner Erklärung des Charisma-Phänomens zu unterstreichen.[104]

Zusammenfassend lässt sich behaupten, dass wesentliche Unterschiede zwischen den Definitionen von Paulus und Weber erkennbar sind. Nach Weber wird der Charisma-Begriff ausschließlich relational interpretiert und beschreibend eingesetzt. Er stützt sich somit auf interpersonale, soziologische Beziehungen. Konträr dazu zielt die paulinische Theologie primär auf ein Verständnis des Ursprungs des Charismas ab.[105] Während die soziologische Perspektive auf die soziale Beziehung zwischen dem Führer und den Geführten verweist, bezieht sich die Theologie eher auf die Persönlichkeit des Führers.

Des Weiteren sind Unterschiede in der Beschreibung des Charismas als etwas Außergewöhnlichem zu finden. Paulus stellt fest, dass Charisma nicht ausschließlich auf das Außeralltägliche begrenzt ist und deshalb auch im Alltäglichen seine Wirkung entfalten kann. Daneben sei eine Begeisterung für das Alltägliche notwendig, damit Charisma in seiner Gesamtheit wirksam werden kann.[106] Zudem fällt die Bestimmung des Verhältnisses von Amt und Charisma bei Paulus im Vergleich zu Webers Interpretation differenzierter aus.[107] Mit dem Gnadengeschenk Charisma assoziierte Paulus damals eine Diensterfüllung innerhalb der Gemeinde.

102 Vgl. Gerber (1998), S. 176.
103 Vgl. Möller (2004), S. 5.
104 Vgl. Schreyögg/Sydow (1999), S. 210.
105 Vgl. Muther (2010), S. 280–281.
106 Vgl. Muther (2010), S. 280–281.
107 Vgl. Kellner (2011), S. 66–67.

Dieses Geschenk wandelte sich in der Bedeutung zu einem an ein Amt gebundenes Charisma, das auf Dauer zuerkannt und nicht rückgängig gemacht werden kann. In diesem Zusammenhang versinnbildlicht das Charisma eine Kompetenz zur Amtsführung.[108]

Neben einer Vielzahl an Bedeutungsinhalten fällt auf, dass der Charisma-Begriff seit seinem ersten Auftreten bei dem Apostel Paulus eine völlige Umkehrung erfahren hat.[109] Im theologischen Kontext wird Charisma als eine Gnadengabe durch den Heiligen Geist vermittelt und stellt deshalb weder eine Fähigkeit dar, die von Natur aus gegeben ist, noch ist es von der Anerkennung und Akzeptanz Dritter abhängig. Ähnlich wie Weber betont die moderne Führungs- und Managementlehre Charisma als ursächlich und ausschlaggebend für eine Anhängerschaft der Geführten. Allerdings sprechen einige Verfechter der modernen Führungslehre dem Charisma keine magische Bedeutung mehr zu.

---

108 Vgl. Gerber (1998), S. 198.
109 Vgl. Kellner (2011), S. 67.

3 Charisma und Führung

3.1 Führung und Führungstheorien

Es existiert eine Vielzahl an unterschiedlichen Begriffsdefinitionen zum Thema Führung. Was die Definitionen grundlegend voneinander unterscheidet, sind der jeweils unterschiedliche Zugang zum Thema sowie die zugrundeliegende Fachdisziplin. Daher ergeben sich verschiedene Schwerpunkte in der begrifflichen Deutung. Jede Definition beinhaltet immer ein spezifisches Verständnis von Führung. Dies ist auf die Tatsache zurückzuführen, dass der jeweilige Zeitgeist und das Menschenbild, das den einzelnen Führungstheorien zugrunde liegt, sowie verschiedene Auffassungen von Führungserfolg ein unterschiedliches Verständnis von Führung mit sich bringen.[110] Eine positive Wirkung charismatischer Führung lässt sich in empirischen Untersuchungen nachvollziehen, da der Erfolg in erhöhter Leistungsqualität und Aktivität der Geführten zum Vorschein kommt.[111]

Neuberger stellt fest: „Führung bedeutet, andere Menschen zielgerichtet zu bewegen."[112] In dieser Definition wird deutlich, dass Führung in einem sozialen Kontext stattfindet und auf eine bestimmte Art der Beeinflussung zurückzuführen ist. Daneben wird hier auf ein Ziel verwiesen, dass den Geführten stets vor Augen zu führen ist.[113] Jobs liefert eine weitere Definition, indem er anführt, Führung bestehe darin, „eine Umgebung zu schaffen, in der Menschen das, was sie tun, von Herzen tun."[114] Jobs betont hierbei das

110 Vgl. Hofbauer/Kauer (2009), S. 2.
111 Vgl. Watrinet (2008), S. 102.
112 Hofbauer/Kauer (2009), S. 3.
113 Scheungraber (2012), S. 17.
114 Hofbauer/Kauer (2009), S. 3.

soziale Umfeld, in dem Führung geschieht. Dies impliziert auch die Notwendigkeit einer wohltuenden Atmosphäre, um einen Leistungswillen zu erzeugen.[115]

In diesen Definitionen werden Parallelen zur charismatischen Führung aufgezeigt. House und Shamir (1995) stellen fest, dass ein kennzeichnendes Merkmal charismatischer Führungspersönlichkeiten darin zum Ausdruck kommt, dass sie Visionen vermitteln können.[116] Vor diesem Hintergrund wird es möglich, zielgerichtet Einfluss zu nehmen.[117]

Nach Lord & Mahler (1990) werden unter Führungstheorien vornehmlich Wahrnehmungskategorien verstanden, die zu einer Einordnung und Bewertung spezieller Verhaltensweisen von Führungskräften angewendet werden.[118] Neubauer (1986) führt an: „Führungstheorien sind subjektive instrumentelle Überzeugungen, die im Sinne von ‚Wenn-dann'-Schemata angeben, welcher Erfolg zu erwarten ist, wenn gegenüber einer bestimmten Person (oder einem bestimmten Persönlichkeitstypus) unterschiedliche Führungsverhaltensweisen eingesetzt werden."[119] Dabei verfolgen Führungstheorien das Ziel, Strukturen, Bedingungen, Prozesse und Konsequenzen der Führung zu erforschen, zu erklären sowie vorherzusagen. Die Geschichte der Entwicklung kann in drei Phasen kategorisiert werden, den eigenschaftstheoretischen, den verhaltenstheoretischen und den situationstheoretischen Ansatz. Der eigenschaftstheoretische Ansatz wurde von Aristoteles und später von Machiavelli vertreten, welche den Führungserfolg als von angeborenen als auch erworbenen Eigenschaften der Führungsperson abhängig beschreiben. Der verhaltenstheoretische Ansatz fokussiert hingegen die Effizienz von Führung und wendet sich dem Verhalten der Führungsperson zu. Im Rahmen des situationstheoretischen Ansatzes wird vornehmlich die Situation berücksichtigt, in

115 Scheungraber (2012), S. 18.
116 Vgl. Watrinet (2008), S. 102.
117 Scheungraber (2012), S. 18.
118 Vgl. Aretz (2007), S. 79.
119 Aretz (2007), S. 79.

der Führung geschieht.[120] Der Bezug zur Charisma-Thematik findet sich im individualpsychologischen Ansatz der Führungspsychologie wieder und wird in den nachfolgenden Abschnitten anhand des eigenschaftsorientierten Ansatzes veranschaulicht.[121]

3.2 Führungspersönlichkeit und erfolgreiche Führung

Es stellt sich die Frage, ob ein Zusammenhang zwischen der Persönlichkeit einer Führungsperson und erfolgreicher Führung existiert. Um diese Frage beantworten zu können, muss primär eine Analyse der „Führungspersönlichkeit" und der „erfolgreichen Führung" erfolgen. Da sich die Eigenschaftstheorien der Führung auf Eigenschaften der Persönlichkeit beziehen, schließt sich eine Diskussion des eigenschaftsorientierten Ansatzes an, der den Zusammenhang zwischen der Führungspersönlichkeit und dem Führungserfolg veranschaulichen soll.

Den Erfolg der Führung zu messen stellt ein problematisches Unterfangen dar, zumal der Maßstab für Erfolg vom soziokulturellen Kontext einer Gesellschaft festgelegt ist und von den jeweiligen individuellen Wertvorstellungen der in ihr lebenden Menschen abhängt. Im Hinblick darauf scheint es schwierig, in dem Wertepluralismus, der unsere Zeit prägt, eine Definition von Führungserfolg zu finden. Zudem ist erfolgreiche Führung von der Wahrnehmung der Geführten abhängig, die die Führungsperson ihrer Kenntnis entsprechend bewerten. Daher kommt es auch auf die Beurteilung der Geführten an sowie auf die Situation und Wahrhaftigkeit ihrer Wahrnehmung in Bezug auf dieses Ursache-Wirkungs-Spektrum. Demgegenüber kann eine inhaltliche Differenzierung des Begriffs des Führungserfolgs Erfolgsfaktoren aufzeigen, die einen Unternehmenserfolg begründen, wenn sie parallel und nachhaltig erzielt werden. In diesem Kontext sind zum Beispiel die finanzielle und soziale Effektivität sowie die Wandlungs- und Anpassungsfähigkeit eines

120 Vgl. Schweitzer/Friedl (2005), S. 2.
121 Vgl. Aretz (2007), S. 10.

Unternehmens anzuführen.[122] Neben diesen messbaren Erfolgskriterien sind auch spezifische Charaktereigenschaften als Hinweise für den Erfolg einer Führungspersönlichkeit relevant.[123]

In Bezug auf die persönlichkeitsorientierte Seite der Führung dominiert das Verständnis von Führungsfähigkeit als Attribut der Persönlichkeit. Die Person der Führungspersönlichkeit kann nicht vom Führungsgeschehen getrennt analysiert werden. Aus diesem Grund ist darüber zu spekulieren, unter welchen Bedingungen Menschen zu Führungspersönlichkeiten geformt werden können.[124]

Geht man davon aus, dass Führungserfolg von gewissen individuellen Eigenschaften abhängig ist, spricht man von der Eigenschaftstheorie der Führung. In diesem Kontext konnte die Hypothese belegt werden, dass eine Reihe von Persönlichkeitsmerkmalen und erfolgreiche Führung eine reziproke Abhängigkeit aufweisen.[125] Die Vielzahl der empirischen Analysen zum Auffinden von Führungseigenschaften wurde in verschiedenen Überblicksartikeln[126] zusammengefasst.[127] Dennoch zeigt die Forschung, dass spezielle Merkmale zwar den Erfolg der Führung begründen können, aber Führung auch immer abhängig vom zugrundeliegenden situativen Kontext ist. Diese Sichtweise bezieht sich auf das Phänomen der situativen Führung und berücksichtigt auch die Situation, in der Führung geschieht. Dabei zeigt sich, dass bestimmte Eigenschaften des Führenden sein Verhalten definieren, aber nur im Zusammenspiel mit der Situation, in der Führung stattfindet, ein Führungsverhalten hervorrufen können. Eine kritische Evaluation der Eigenschaftstheorie der Führung basiert auf der Annahme, dass sich von erfolgreicher Führung nicht auf Eigenschaften einer Persönlichkeit schließen lässt und somit keine Abhängigkeit zu verzeichnen ist.[128] Wegen der Universalität und Struktur des Führungsverhaltens negiert die Situationstheorie

122 Vgl. Schieffer (1997), S. 9.
123 Vgl. Scheungraber (2011), S. 42.
124 Vgl. Dihsmaier/Paschen (2011), S. 29.
125 Vgl. Rosenstil (2009), S. 6.
126 Vgl. Neuberger, 1976; Gebert/Rosenstiel, 2002; Rosenstiel, 2007.
127 Rosenstil (2009), S. 6.
128 Vgl. Rosenstil (2009), S. 6–9.

die Annahme eines primär eigenschaftsorientierten Führungserfolges. Der Situation, in der Führung stattfindet, wird eine größere Bedeutung beigemessen; durch sie wird der Führende bestimmt. Zudem wird in diesem Konzept die Argumentation abgelehnt, nach der das Führungsgeschehen von einer Führungspersönlichkeit dominiert wird. Vielmehr wird in der Literatur die Synergie mehrerer Personen als Ergebnis der Einflussnahme auf das Führungsverhalten hervorgehoben. Infolgedessen wird der Führende in seinem Einwirken eingeschränkt.[129]

Demgegenüber geht die Eigenschaftstheorie davon aus, dass die aufeinander abgestimmte Kraft von erlernten und angeborenen Persönlichkeitseigenschaften eine Führungspersönlichkeit befähigt, ausgezeichnete Leistungen zu erbringen. Der Charakter der Führungsperson ist in diesem Sinne federführendes Merkmal für erfolgreiche Führung. Analog dazu werden die personenbezogenen Merkmale der Geführten weitgehend als unbedeutend empfunden. Die ältesten Verfechter der Eigenschaftstheorie sind der Überzeugung, dass Erfolg stiftende Eigenschaften nicht erlernt, sondern angeboren sind. Trotz der nicht zu vernachlässigenden Komponente der Veranlagung eines Menschen lässt sich dennoch vermuten, dass der Entwicklung erfolgversprechender Eigenschaften im sozialen Kontext ebenso eine wichtige Bedeutung beizumessen ist.[130]

Maßgebende Kritik an der Eigenschaftstheorie liefert die Annahme, dass weder die Divergenz der anstehenden Aufgaben noch die Individualität der geführten Gruppe berücksichtigt werden. So kann ein Individuum einer Vielzahl von Gruppen angehören, aber dennoch nicht in allen diesen Gruppen die Führungsfunktion innehaben. Auch kann eine Person in einem Unternehmen mehrere Positionen einnehmen, die wiederum nicht alle einem Vorgesetztenverhältnis entspringen. Diese Tatsachen stehen der Annahme entgegen, dass spezielle Eigenschaften erfolgreiche Führung begründen.[131]

129 Vgl. Schieffer (1998), S. 24–26.
130 Vgl. Macharzina/Wolf (2010), S. 573.
131 Vgl. Heinen (1984), S. 150.

3.2.1 Charisma und Trauma

Wenn man über die Rolle der Persönlichkeit in der Politik spricht, begegnet man früher oder später dem Wort Charisma. Gewöhnlich verwendet man dieses Wort, wenn ein Politiker eine starke Medienpräsenz besitzt.[132]

Die modernen Medien, vor allem Film und Radio, haben die Bedeutung von Charisma enorm erweitert. Im Journalismus ist das Wort „Charisma" oder „charismatisch" nicht mehr als ein Schlagwort, gleichzusetzen mit „populär" oder „attraktiv".[133] Unter den herausragenden charismatischen Menschen der populären Unterhaltung sind ähnliche markante charismatische Qualitäten zu beobachten, wie sie bei religiösen und politischen Führern zu finden sind. Dazu zählen die Kombination von Schwäche und Stärke, die Kreation einer neuen Identität und die Vereinigung mit einem Massenpublikum. Nach Aberbach geht die Schwäche von Charismatikern oft auf negative persönliche Erfahrung zurück, was zu einer Blockade von Gefühlen führt. Jedoch überwiegt diese Schwäche nicht, sondern birgt die dringende Notwendigkeit, ungewöhnliche Stärke in anderen Bereichen zu entwickeln. Diese Stärke resultiert aus den positiven Rahmenbedingungen als Begleiterscheinung des Traumas, gepaart mit natürlichen Gaben und einem kreativen Ventil. Im Kampf, Schwächen zu überwinden oder zu meistern, benützt der charismatische Künstler die Medien, um sich selbst neu zu erfinden, um seinen eigenen Wert in seinen eigenen Augen wie auch in den Augen der Gesellschaft, der Nation oder sogar der ganzen Welt zu verbessern.[134] Im weitesten Sinne ist Charisma hier als eine Beziehung definiert, die in etwa mit dem Schnittpunkt der traumatisierten inneren Welt des Charismatikers und der externen sozialen und politischen Krise einhergeht. Der Charismatiker wird in diesem Kontext durch Trauma

132 Vgl. Toye/Gottlieb (2005), S. 42.

133 Vgl. Aberbach (1996), S. 75.

134 Vgl. Aberbach (1996), S. 87–88.

getrieben. Die Öffentlichkeit wird symbolisch zum Ersatzideal der familiären Einheit und Harmonie.[135]

Die meisten Studien über Charisma gehen von der öffentlichen Sichtweise aus. Aberbach beurteilt die Natur des Charismas aus der Perspektive des Charismatikers. Die Ansicht, die er vertritt, gründet auf der Vorstellung, dass bei politischem und religiösem Charisma die öffentliche Identität das private Selbst überstrahlt. Er begründet seine Annahme damit, dass die charismatische Beziehung in Religion und Politik nur erfolgreich sein kann, wenn unkritisches Vertrauen in den Charismatiker als öffentliche Person vorherrscht.[136] Zudem sieht Aberbach eine Wechselwirkung zwischen dem Charismatiker und den Geführten darin, dass der Charismatiker eine Krise dazu zu benützen vermag, an die Macht zu kommen, jedoch die Öffentlichkeit die Abhängigkeit des Charismatikers ebenso ausnutzt. Im Austausch opfert der Charismatiker so ein gewisses Maß an Kontrolle über sein Schicksal. Ein gewisses Risiko ist von entscheidender Bedeutung in der politischen und religiösen charismatischen Beziehung, vor allem bei wirtschaftlichem Zusammenbruch und politischem Umbruch.[137] Weiter betont Aberbach, dass Charismatiker unter Bedingungen gedeihen, die nach Instabilität und Zusammenbruch zu einer Wiederbelebung führen können. Dies ist auf ihre Erfahrungen im Privatleben zurückzuführen. Aus diesem Grund ist der Charismatiker in der Lage, den Stress in der Krise für sich zu nutzen. In der Regel weisen Charismatiker auch eine höhere Schmerzschwelle auf.[138]

Aus dieser Perspektive erklärt sich, weshalb sich das Charisma von Führungspersonen aufgrund ihrer persönlichen Bewältigung der zahlreichen Widerstände, mit denen sie konfrontiert sind, festigen kann. Dieses Überwinden führt dazu, dass der Charismatiker es vermag, besondere Stärken zu entwickeln. Dies kann beispielsweise in einem ausgeprägten Einfühlungsvermögen zutage treten, da es

135 Vgl. Aberbach (1996), S. 104.
136 Vgl. Aberbach (1996), S. 105.
137 Vgl. Aberbach (1996), S. 106.
138 Vgl. Aberbach (1996), S. 107.

dem Charismatiker aufgrund seiner zahlreichen Erfahrungen mit Widerständen möglich ist, vorausschauend zu denken und zu handeln.

Charisma und Trauma verhalten sich ähnlich wie Charisma und Stigma. Trauma und Stigma sind die Schattenseiten von Charisma, die dem Charisma vorausgehen. Mit Blick auf Charisma und Trauma wird die interne Dynamik der Persönlichkeit hervorgehoben, die darauf abzielt, die Ursache des Traumas zu überwinden. Im Sinne der Selbststigmatisierung ist von einer Strategie die Rede, wenn der Charismatiker das Stigma dazu benutzt, Charisma zu erlangen, indem er sich zum Stigma bekennt.

3.2.2 Charisma und Erfahrung

Prinzipiell kann davon ausgegangen werden, dass keine charismatische Führungspersönlichkeit existiert, die keine Erfahrungen mit Widerständen durchlebt hat. Charisma kann sich jedoch durch Erfahrungen festigen, und somit wird es möglich, Widerständen vorausschauend zu begegnen.

Dietmar Rothermund zufolge ist Charisma eine Eigenschaft, die sich ausschließlich in der Erfahrung bewährt und nur durch seine Wirkung erfahren lässt, zum Beispiel in der Treue der Gefolgschaft. In Bezug auf die Beziehung zwischen Charisma und Erfahrung weist Rothermund darauf hin, dass sich Charisma meist erst durch Erfahrungen mit Mitmenschen herausbilden und festigen kann, und spricht in diesem Sinne von Charisma als Ergebnis eines Rückkopplungsprozesses.[139]

In der Realität wird Charisma nicht selten beneidet.[140] Aus diesem Grund sei erwähnt, dass charismatische Führungspersönlichkeiten viel häufiger und intensiver mit Widerständen konfrontiert sind als Führungspersonen ohne Charisma. Im Falle von Charisma

139 Vgl. Nippel (2000), S. 192.

140 Vgl. Heins (2005/2006), S. 69.

macht sich Widerstand besonders bemerkbar. Deshalb sind für Charismatiker Widerstände Alltagsgeschichten.

Bei der Erforschung der charismatischen Führungspersönlichkeit ist es deshalb von essentieller Bedeutung, sich mit den Beweggründen für Widerstände auseinanderzusetzen, um das Phänomen des Widerstands aus mehreren Blickwinkeln betrachten zu können. Eine Auseinandersetzung mit dem Phänomen des Widerstands am Beispiel des Mobbings mit Blick auf seine Auswirkungen und Ziele trägt dazu bei, die Beweggründe von Widerständen zu durchschauen, noch bevor sie beginnen. Sind diese Beweggründe bekannt, kann den Angriffen schließlich standgehalten und der Widerstand bestenfalls als Strategie für Erfolg oder als Instrument der Führung genutzt werden. Die Auswirkungen des Widerstands können demnach kontrolliert werden und Strategien für Führungspersönlichkeiten aufzeigen. Die Wechselwirkung zwischen Charisma und Erfahrung bedingt aus dieser Perspektive selbstreflektierendes Verhalten, sofern Beweggründe für Widerstände erkannt und deshalb dem Widerstand entgegengewirkt werden kann.

3.2.3 Charisma und Widerstand

Eine nähere Betrachtung des Phänomens des Widerstands am Schema Mobbing, seiner Auswirkungen und Ziele dient dazu, die Wechselbeziehung zwischen Charisma und Widerstand zu veranschaulichen. Dabei zeichnen sich zudem gruppendynamische Entwicklungen ab, die wiederum Rückschlüsse auf spezifische Charaktereigenschaften der charismatischen Führungspersönlichkeit sowie der Täterpersönlichkeit ermöglichen. Der Verlauf von Mobbing ist durch einen psychosozialen Prozess geprägt der die Dynamik zwischenmenschlichen Verhaltens illustriert. Gesetzt den Fall ein Mobbingopfer ist dazu in der Lage, diesen Prozess zu durchbrechen, kann davon ausgegangen werden, dass es sich um eine starke Persönlichkeit handelt.

In der Literatur spricht man bei Widerständen in Form von Mobbing von einer Täter-Opfer-Beziehung und differenziert deshalb stets zwischen dem „Mobbingopfer" und den „Tätern".[141] Seltsamerweise begegnen Menschen jemandem, der berichtet, einmal Opfer geworden zu sein, mit einer großen Skepsis. Der Opferstatus wird meist in Frage gestellt, und nicht selten begegnet man dem Opfer mit unempathischer Distanz. Dies ist meist auf die mangelnde Kenntnis und Sachkenntnis der Gesellschaft vom Phänomen Mobbing zurückzuführen.[142]

> „Aus rechtlicher Sicht ist Mobbing die Bezeichnung für den Spezialfall einer verhaltensumfassenden, das heißt mehraktigen Verletzung des allgemeinen Persönlichkeitsrechts, der Ehre oder der Gesundheit oder anderer ebenso geschützter Rechte, wobei es dem Täter bei der Durchführung seiner Angriffsaktionen entweder in deren Gesamtheit um die psychische oder soziale Destabilisierung seines Opfers geht (Standardfall des gezielten Mobbings) oder eine solche verhaltensumfassende Zielsetzung zwar nicht vorliegt, die Addition von jedenfalls punktuell auf Destabilisierung der Persönlichkeit ihres Adressaten gerichteten Verhaltensweisen aber den Vorwurf fahrlässiger Persönlichkeitsrechtsverletzung begründen (generalisiertes Despotenmobbing)."[143]

Obgleich Mobbing noch kein Rechtsbegriff ist, hat der Gesetzgeber in § 3 Abs. 3 des Allgemeinen Gleichbehandlungsgesetzes (AGG) mit dem Begriff der „Belästigung" auch den Begriff „Mobbing" umschrieben, zumindest sofern die Ursache des Mobbings in der ethnischen Herkunft, in der Rasse, dem Geschlecht, der Weltanschauung oder Religion, einer Behinderung, im Alter oder der sexuellen Identität begründet liegt. Der § 3 Abs. 3 AGG versteht unter einer Belästigung eine Benachteiligung, wenn unerwünschte Verhaltensweisen, die mit einem in § 1 AGG genannten Grund in Zusammenhang stehen, angewendet werden und ein Umfeld geschaffen wird, das durch Erniedrigung, Einschüchterung, Anfeindung, Entwürdigung oder Beleidigung gekennzeichnet ist.[144]

---

141 Vgl. Teuschel (2010), S. 14.
142 Vgl. Teuschel (2010), S. 14–15.
143 Wickler (2004), S. 106.
144 Vgl. Oehler (2013), S. 39.

Esser und Wolmerath (2005) beschreiben eine für die Praxis wichtige und aktuelle Definition von Mobbing wie folgt:

> „Mobbing ist ein Geschehensprozess in der Arbeitswelt, in dem destruktive Handlungen unterschiedlicher Art wiederholt und über einen längeren Zeitraum gegen Einzelne vorgenommen werden, welche von den Betroffenen als eine Beeinträchtigung und Verletzung ihrer Person empfunden werden und dessen ungebremster Verlauf für die Betroffenen grundsätzlich dazu führt, dass ihre psychische Befindlichkeit und Gesundheit zunehmend beeinträchtigt werden, ihre Isolation und Ausgrenzung am Arbeitsplatz zunehmen, dagegen die Chancen auf eine zufriedenstellende Lösung schwinden und der regelmäßig im Verlust ihres bisherigen beruflichen Wirkbereiches endet."[145]

In der Definition von Esser und Wolmerath treten die Ziele, Strategien und Auswirkungen, die bei ungebremstem Mobbing verfolgt werden, offensichtlich zum Vorschein. Zum einen soll Mobbing zu einer Beeinträchtigung der psychischen Befindlichkeit und Gesundheit der Betroffenen führen. Des Weiteren ist das Ziel von Mobbing immer die Entfernung des Opfers und nicht das Finden eines Kompromisses. Aus diesem Grund werden alle Schritte, den Konflikt durch einen Kompromiss zu lösen, von den Mobbern unterbunden. In der Phase des Mobbings sind alle Appelle, Mediationen oder ähnliche, auf friedlicher Einsicht basierende Maßnahmen fruchtlos.[146] Als Gründe für Mobbingattacken sind meist bewusste oder unbewusste Ängste der Mobbingtäter zu nennen, die zum Beispiel durch eine neuentstandene Konkurrenzsituation hervorgerufen werden.[147] Der Verlauf des Mobbings ist dabei nahezu immer derselbe und verläuft in der Regel in bestimmten Phasen. Die erste Phase ist dadurch gekennzeichnet, dass sich ein Konflikt anbahnt, in dem Täter mit Unverschämtheiten und Gemeinheiten versuchen, das Mobbingopfer aus der Bahn zu werfen. Der Konflikt ist dabei als eine von unangenehmen Gefühlen geprägte Spannung

145 Teuschel (2010), S. 15.
146 Vgl. Teuschel (2010), S. 16–17.
147 Vgl. Heidenreich (2011), S. 29.

spürbar.[148] In der zweiten Phase wenden Täter gezielte Mobbinghandlungen an. Während der einstige Konflikt in den Hintergrund gerät, geschieht eine Personifizierung des Problems. Aufgrund der gezielten Anfeindungen gerät das Mobbingopfer in Isolation, und ihr Rechtfertigungs- und Verteidigungsverhalten werden zunehmend eingeschränkt. Dieses Verhalten wird wiederum von Außenstehenden missverstanden und fehlinterpretiert. Während die Arbeitsergebnisse des Mobbingopfers aufgrund der Demütigungen an Qualität verlieren, findet sich das Opfer meist in einem Teufelskreis wieder, da sich die ursprüngliche Kritik der Mobber nun bestätigt.[149] Die letzte Phase ist durch Ausgrenzung des Opfers gekennzeichnet. Hierbei gerät das Opfer in eine Pariasituation, und ihr weiterer sozialer Überlebenskampf und ihr dabei gezeigtes Verhalten werden erneut falsch interpretiert und ihr zur Last gelegt, denn die Umwelt ist stets davon überzeugt, dass diese Person an Charakterfehlern leidet.[150] Es ist anzumerken, dass bei Mobbing nicht immer alle Phasen durchlaufen werden. In vielen Fällen werden Mobbinghandlungen begonnen, ohne dass ihnen eine Konfliktphase vorausgeht.[151]

Zusammenfassend lässt sich feststellen, dass diese gefährliche gruppendynamische Entwicklung, auf die Angst vor der Mehrheit und der damit einhergehenden Abhängigkeit von der Anerkennung der Täterpersönlichkeiten untereinander, zurückzuführen ist. Es ist anzunehmen, dass meist ein geringer Selbstwert auf Seiten der Täterpersönlichkeit ursächlich dafür ist, dass Mobbing überhaupt stattfinden kann. Der gesamte Mobbing Prozess ist deshalb auch von Vorurteilen, falschen Verdächtigungen, Fehlannahmen und Gerüchten geprägt. Die Macht beziehungsweise Ohnmacht der Gruppe gegen den Einzelnen während dieses Prozesses ist ein kennzeichnendes Merkmal von Widerständen in Form von Mobbing.

148 Teuschel (2010), S. 27–32.
149 Vgl. Momand (2011), S. 45–46.
150 Vgl. Kolodej (2005), S. 102.
151 Vgl. Stock (2011), S. 48.

In Bezug auf Charisma und Widerstand ist das Vorurteil, Charisma sei gefährlich,[152] unter anderem den unterschiedlichen Interpretationen des Charisma-Begriffs aufgrund seiner Bedeutungsvielfalt und Uneinheitlichkeit geschuldet. Da sogar Hitlers Persönlichkeit mit dem Begriff Charisma in Zusammenhang gebracht wird, ist Charisma auch skeptisch betrachtet, obgleich Hitler aus persönlichkeitsorientierter und theologischer Perspektive kein persönliches Charisma besaß. Dabei zeigt sich auch die Widersprüchlichkeit in der Bedeutung des Begriffs. Im Hinblick auf Charisma und Widerstand steht Hitlers Persönlichkeit sogar im Gegensatz zu Charisma und seinem theologischen Ursprung; sie sei hier deshalb als Gegensatz zur charismatischen Führungspersönlichkeit angeführt, da er durch eine Täterpersönlichkeit gekennzeichnet war.

Zudem sind wesentliche Unterschiede zwischen den Werten einer charismatischen Führungspersönlichkeit und einer Täterpersönlichkeit zu verzeichnen. Während die Täterpersönlichkeit Charaktermerkmale wie Hass, Neid und Angst prägen, bekennt sich die charismatische Führungspersönlichkeit zu ihren Werten, etwa dem Glauben, und zu ihren Charaktermerkmalen wie Ehrlichkeit, Solidarität und Fairness. Diese unterschiedlichen Auffassungen von Charisma sind auch dem Wertewandel, der unsere Zeit prägt, geschuldet. In diesem Zusammenhang werden Werte, zum einen als gefährlich und zum anderen als Schwäche ausgelegt und sogar mit einem „Opfer" in Verbindung gebracht. So wird die ursprüngliche Bedeutung von Charisma verdreht.

152 Vgl. Göhnermeier (2015), S. 213.

3.2.4 Definition Mobbing

Mobbing bezeichnet einen psychosozialen Prozess zwischenmenschlicher Interaktion der durch ein wiederholtes Verhaltens- und/oder Handlungsmuster (verbal oder nonverbal) geprägt ist und eine Verletzung des allgemeinen Persönlichkeitsrechts, der Ehre oder der Gesundheit oder anderer ebenso geschützter Rechte einer Persönlichkeit beinhaltet, die zu einer psychischen oder sozialen Destabilisierung führen können. Kennzeichnend ist, dass sich Mobbing meist gegen eine Person richtet, ausgehend von mehreren Personen oder einer Gruppe, die oft von einer/m „Anführer/in" geleitet wird. Mobbing äußert sich zum Beispiel in Form von Diskriminierung, Ausgrenzung, Abwertung, Demütigung, Verleumdung, Gewaltandrohung, ständige unbegründete Kritik, Verletzung der Würde, Hetze, Angriffe auf die Privatsphäre, Lächerlichmachen der Person, Verbreitung von Gerüchten und diverses Schikanieren.

Widerstand in Form von Mobbing ist in Deutschland kein Straftatbestand, jedoch können einzelne Handlungen im Rahmen des Mobbings als Straftat gewertet werden.[153] Klare Richtlinien und eine juristisch verankerte Definition sind notwendig, um Gesetze gegen Mobbing zu schaffen und einen ausdrücklichen Schutz gegen Mobbinghandlungen generieren zu können.

In Frankreich, Spanien und Schweden gibt es Mobbing-Schutzgesetze[154], die dazu beitragen können, die Gesellschaft insgesamt auf das Phänomen Mobbing und seine Auswirkungen aufmerksam zu machen, für das Thema Mobbing zu sensibilisieren sowie Benachteiligungen vorzubeugen und zu reduzieren. Damit ließe sich ein nachhaltiger Schutz für Persönlichkeiten erzielen und betroffene Werte könnten bewahrt werden.

153 Jaeppelt/Görcke (2009), S. 103.

154 Momand (2011), S. 169.

3.2.5 Charismatische Persönlichkeit versus Täterpersönlichkeit

Einer charismatischen Führungspersönlichkeit wird im Zusammenhang mit Widerständen in Form von Mobbing bereits in der Definition der Begriff „Opfer“ zugeschrieben. So veranlasst die Definition von Mobbing dazu, einer Führungspersönlichkeit, die mit Widerständen konfrontiert ist, von vornherein Unfähigkeit zu unterstellen, insofern auf eine Opferpersönlichkeit geschlossen wird. Aus diesem Blickwinkel scheint eine nähere Auseinandersetzung mit der Persönlichkeit des „Opfers“ notwendig zu sein, um die parteiische Wirkung zugunsten der Täterpersönlichkeit, die von der Definition von Mobbing auszugehen scheint, relativieren zu können.

Damit die beiden unterschiedlichen Persönlichkeitstypen auf ihre spezifischen Charaktereigenschaften hin untersucht werden können, ist auf die Wechselbeziehung zwischen Charisma und Widerstand einzugehen. Den theoretischen Ausführungen zu Charisma und Widerstand ist zu entnehmen, dass ein charakteristisches Merkmal von Täterpersönlichkeiten in dem Bestreben zu finden ist, jede Aktion des „Opfers“ als Ursache beziehungsweise Rechtfertigung für ihre Mobbinghandlungen anzuführen. Folglich interpretiert die Täterpersönlichkeit jede Handlung und jedes Verhalten des „Opfers“ bewusst falsch. Aufgrund bewusster oder unbewusster Ängste verfolgen Täter unter anderem das Ziel, von eigenen Schwächen abzulenken, und unterstellen überdies nicht selten ihrem „Opfer“ ihre eigenen Schwächen. In dieser Phase werden meist gezielt Gerüchte verbreitet. Da Mobbingattacken aufgrund neuentstandener Konkurrenzsituationen hervorgerufen werden und Täter die Fähigkeiten, Ausstrahlung etc. ihrer vermeintlichen Konkurrenz meist augenblicklich wahrnehmen, beabsichtigen sie, ihr gezielt Schaden zuzufügen. Dabei zeichnet sich ab, dass die Täterpersönlichkeit von Charaktermerkmalen wie zum Beispiel Angst, Neid, Hass oder lediglich Spaß an Demütigung geprägt ist. Diese Merkmale unterscheiden die Täterpersönlichkeit von der charismatischen Führungspersönlichkeit, da sich der Charismatiker konträr zu diesen Charakterzügen verhält. In diesem Kontext lässt sich die Fähigkeit der Liebe erkennen, die das Entstehen von Charisma ermöglicht. Dies legt wiederum die Annahme nahe, dass ausschließlich eine charismatische Führungspersönlichkeit dazu in der Lage wäre, einem „Opfer“ oder einer anderen charismatischen Persönlichkeit unvoreingenommen und unparteiisch zu begegnen und ihr gegenüber solidarisch zu sein, trotz des Gruppendrucks, der ihr entgegensteht, und der Gruppendynamik, mit der sie konfrontiert ist.

Daraus lässt sich schlussfolgern, dass die charismatische Führungspersönlichkeit, die im Zusammenhang mit Widerständen in Form von Mobbing der Definition zufolge als Opfer betitelt wird, eine starke Persönlichkeit prägt und sie Charaktermerkmale wie Einfühlungsvermögen, Selbstständigkeit im Denken und Handeln, Unbeeinflussbarkeit und ein ausgesprochener Mut auszeichnen.

Die eingangs erwähnte Feststellung, dass einer Führungspersönlichkeit, die mit Widerständen konfrontiert ist, zuerst Schwäche zugeschrieben wird, findet im Hinblick auf das Schema Mobbing und dessen Definition seine Bestätigung und offenbart auch die unterschiedliche Wahrnehmung von Erfolg, Persönlichkeit und Führung, die durch Mobbing hervorgerufen werden kann.

3.2.6 Widerstände erfolgreich überwinden – Die Charisma Wirkung!

Die charismatische Führungspersönlichkeit ist dazu in der Lage, die Wechselbeziehung zwischen Charisma und Trauma, Erfahrung und Widerstand erfolgreich zu meistern, da es ihr möglich ist, Widerstände zu überwinden, aus der Konfliktsituation herauszutreten und einen Neubeginn zu initiieren. Sie besitzt die Fähigkeit, trotz des Widerstands und der Gruppendynamik die sich gegen sie formiert, ihre Ziele zu fokussieren und den Schmerz zu ignorieren. In der Folge personifiziert sie sich nicht mit dem Widerstand, da sie die Beweggründe und Motive dahinter erkennt. Während sie ihr eigenes Ego zurückstellt, nutzt sie den zurückgewonnenen Freiraum um die destruktiven Erfahrungen zu verarbeiten und im besten Fall in Energie umzuwandeln. Im Kampf, negative Erfahrungen zu überwinden, entwickelt sie Impulse für die Umsetzung neuer Ideen. Auf diese Weise gelingt es ihr, den Widerstand für sich zu nutzen. Somit verhält sie sich konträr zu den Erwartungen ihrer Gegner und überrascht mit Erfolg, obwohl das Schema Mobbing und die Intention der Gruppe, ihrer Persönlichkeit, Misserfolg prophezeit. So ist es ihr möglich sogar Täterpersönlichkeiten mit deren eigenem Verhalten zu konfrontieren, ihnen einen „Spiegel" vorzuhalten, oder ihnen vielmehr ihren Charakter vor Augen zu führen. In gewisser Weise nimmt sie dabei die Rolle einer/s Vermittler/in ein, der/m es gegebenenfalls sogar möglich ist, eine Haltungsänderung zu bewirken. Dabei betrachtet sie die Situation sachlich, personifiziert sich nicht mit dem Problem und argumentiert eher aus Perspektive eines/r Beobachters/in. Der persönliche Umgang mit destruktiven Erfahrungen kann demnach zu einer Entwicklung von Charisma beitragen. Daraus lässt sich ableiten, dass es die charismatische Persönlichkeit vermag, Widerstand als Inspiration/Gelegenheit für neue Ideen und als Vorlage zur Entfaltung von Charisma zu verwenden. Aufgrund der negativen Erfahrungen ist sie für neue Widerstände besser vorbereitet und besitzt folglich eine höhere Schmerzschwelle. Deshalb können Charismatiker aus Gewohnheit besser mit Widerständen umgehen und sind imstande, die Abwertung in eine Auserwählung umzudeuten.

Daneben sei die Charisma-Wirkung aus theologischer Perspektive dargestellt. Kapitel 2.1.3 bezieht sich auf die Wirkung von Charisma im Weltgeschehen, indem das Wirken Gottes im Menschen für eine Entstehung von Charisma verantwortlich gemacht wird. Im Zusammenhang mit Charisma und Widerstand geht man davon aus, dass der Heilige Geist nur in der Persönlichkeit wirken kann, deren Charaktermerkmale mit der Liebe vereinbar sind. Somit lässt sich die Charisma-Wirkung hinsichtlich Charisma und Widerstand aus theologischer Perspektive nachvollziehen. In diesem Sinne ist es dem Charismatiker möglich die Widerstände dazu zu benützen, Charisma zu erlangen und seinen zukünftigen Erfolg zu definieren. Die Kraft diese Strategie umzusetzen resultiert dabei aus dem Glauben und der Liebe. Aus theologischer Perspektive markieren demnach der Glaube und die Liebe das Geheimnis des Charismatikers und auch sein Erfolgskonzept. Der Täterpersönlichkeit bleibt hingegen der Zugang zu Charisma verwehrt, da sie sich bewusst für ihre negativen Charaktermerkmale als Instrument zur Durchsetzung ihrer Ziele entscheidet und deshalb langfristig gesehen keinen Erfolg erzielen kann.

3.3 Charisma als Garant für Erfolg einer Führungspersönlichkeit?

Ist Charisma ein Garant für Erfolg? In Anlehnung an Joachim Wachs Charisma-Definition ist hier zuerst zwischen dem Charisma des Amtes und dem persönlichen Charisma zu differenzieren.

Max Weber führt an, dass Charisma in demokratischen Rechtsstaaten eher ein Randphänomen darstellt. In den modernen westlichen Demokratien ist die am häufigsten anzutreffende Form von Charisma das Amtscharisma, das institutionalisiert und veralltäglicht ist, wohingegen persönliches und Ideencharisma kaum zu finden sind.[155] Der Fall Christian Wulff zeigt, dass ein Amtscharisma stets einer Bewährung und Anerkennung bei den Geführten bedarf, um der Auserwählung gerecht zu werden. Gleichwohl zieht ein Amtscharisma Widerstände auf sich. Deshalb gewährleistet es nicht zwingend den Erfolg einer Führungspersönlichkeit.

Eine politische Machtposition ist beispielsweise nicht der Ausgangspunkt einer charismatischen Entwicklung, sondern vielmehr nur ein Teil davon.[156] Die politische Machtposition ist in diesem Zusammenhang als Amtscharisma zu verstehen. Aus dieser Perspektive ist das Charisma des Amtes kein Garant für Erfolg.

Mit persönlichem Charisma wird eine Reihe von erfolgversprechenden Eigenschaften verbunden, die wertschätzende und erfolgreiche Führung bedingen.

Was die theologischen Wurzeln des Charisma-Begriffs betrifft, kann davon ausgegangen werden, dass es sich bei Jesus um eine erfolgreiche charismatische Führungspersönlichkeit handelt. Jesus

155 Vgl. Bliesemann de Guevara/Reiber (2011), S. 32–33.
156 Vgl. Etrillard (2012), S. 18–19.

personifizierte sogar die Liebe (Johannes 15,9).[157] Aus diesem Grund lässt sich schlussfolgern, dass sich ein wertschätzender Führungsstil auf lange Sicht gesehen durchsetzt und Erfolg garantieren kann. Charisma gründet auf der Prämisse der Wertschätzung, Demut und Authentizität und begreift Führung als einen Dienst, insofern es im Bewusstsein seiner Machtlosigkeit führt, um zu dienen. Somit erweist Charisma einen Dienst an den Menschen mit dem Ziel, Bedingungen zu verbessern und Werte zu erhalten und zu bewahren. Im Hinblick darauf sei die Werthaltigkeit und Wirkung des Charisma-Phänomens aufgezeigt. In diesem Zusammenhang wird die Charisma-Wirkung präsentiert, die ein Erfolgskonzept für die charismatische Führungspersönlichkeit in sich birgt. Vergleich Kapitel 3.2.6.

3.3.1 Der Fall Christian Wulff

Die Amtszeit des zehnten Bundespräsidenten der Bundesrepublik Deutschland, Christian Wulff, begann am 30.06.2010 und endete am 17.02.2012, nach genau 598 Tagen. Der Spitzenpolitiker wurde Opfer einer Vorverurteilung, die von der Bild-Zeitung am 12.12.2011 initiiert wurde und letzten Endes zum Rücktritt des Bundespräsidenten führte.[158] Wulff beschreibt in seinem Buch ein Gespräch, das er 1969 am Tag der Bundestagswahl mit seinem Vater, einem überzeugten Sozialdemokraten, führte. Sein Vater erwähnte, dass man die Demokratie stärken müsse, um zu verhindern, dass sie ein zweites Mal in Deutschland scheitert. Dieses Gespräch habe ihn damals sehr geprägt und den Grundstein für seine zukünftige Politikerlaufbahn gelegt.[159] Zum Zeitpunkt der Nominierung zum Bundespräsidenten war er bereits seit zwölf Jahren stellvertretender CDU-Bundesvorsitzender und seit über sieben Jahren Ministerpräsident von Niedersachsen.[160] Zu seinen Stärken

157 Vgl. Luther (1982), S. 127.
158 Vgl. Wulff (2014), S. 7.
159 Vgl. Wulff (2014), S. 31.
160 Vgl. Wulff (2014), S. 18.

zählt er, Menschen zusammenzuführen und zu motivieren. Darüber hinaus erwähnt er auch die Notwendigkeit von Respekt und Empathie für Fremde und Fremdes.[161] Seine beruflichen wie auch persönlichen Ambitionen im Hinblick auf seine politische Tätigkeit schienen geradezu ideal für den Beginn einer wunderbaren Geschichte zu sein. In den nachfolgenden Ausführungen wird das Phänomen des Widerstands gegenüber dem höchsten in Deutschland möglichen Amtscharisma anhand der Geschichte von Herrn Wulff illustriert.

3.3.2 Analyse des Widerstands gegenüber Christian Wulffs Amtscharisma anhand des Buches „Ganz oben, ganz unten"

In diesem Abschnitt werden ausgewählte Ausschnitte aus dem Buch „Ganz oben, ganz unten" zitiert. Eine Berücksichtigung von Christian Wulffs Perspektive ermöglicht Rückschlüsse auf die Art und Weise, wie Medien und die Öffentlichkeit Widerstände initiieren. Hierbei wird unter anderem die Macht der Medien als Kontrollinstanz verdeutlicht. Anschließend erfolgt eine Analyse ausgewählter Zitate, um die Geschichte des Rücktritts anhand verschiedener Beispiele zu schildern. In diesem Zusammenhang wird auf das Amtscharisma und seine möglichen Auswirkungen aufmerksam gemacht. Der Widerstand gegenüber dem Amtscharisma kann anhand der zahlreichen Beispiele sehr deutlich analysiert und veranschaulicht werden. Daneben werden typische Strategien des Widerstands aufgedeckt und Möglichkeiten zur Überwindung von Widerständen aufgezeigt. Christian Wulff stellt in seinem Buch die Wahrheit aus seiner Sicht dar und vermittelt den Lesern so einen Einblick in die Gefühlslage eines betroffenen Mobbingopfers beziehungsweise einer Führungspersönlichkeit:

> *„Das Wulff-Bashing begann am Tag nach meiner Nominierung für das Amt des Bundespräsidenten."*[162] *„Als am Morgen nach meiner*

161 Vgl. Wulff (2014), S. 20.

162 Wulff (2014), S. 8–9.

Nominierung Joachim Gauck der Öffentlichkeit als der gemeinsame Kandidat von SPD und Grünen vorgestellt wurde, brachte der SPD-Vorsitzende Sigmar Gabriel den Gegensatz vermeintlich geschickt auf die verletzende Formel: Joachim Gauck bringt ein Leben mit in seine Kandidatur, und der Kandidat der Koalition bringt eine politische Laufbahn mit."[163] *„Ich spürte, dass auch nach der Amtsübernahme nur auf Fehler geachtet werden würde: Was hat er jetzt wieder zitiert, was ist ihm diesmal wieder misslungen, wo geht wieder was schief? Diejenigen, deren Urteil von vornherein feststand, haben nie gefragt: Was will er uns sagen, er ist schließlich unser Präsident?*"[164]

Mit dem Tag der Nominierung begann der Widerstand gegenüber Christian Wulff, da dies auch die Nominierung für ein Amtscharisma bedeutete. Wie bereits in Kapitel 3.3 vorgestellt, ist auch ein Amtscharisma kein Garant für Erfolg. Daneben zeichnet sich ab, dass das Bashing, wie es Wulff bezeichnet, in der Partei beginnt. Ein Amtscharisma zieht Widerstand auf sich, dabei standen in Wulffs Fall politische Interessen der Opposition im Vordergrund. Es wird deutlich, dass das Phänomen des Widerstands in der Politik besonders ausgeprägt zu sein scheint, was sich darin äußert, dass die Atmosphäre bereits bei Amtsübernahme von Missgunst geprägt ist.

Herr Wulff stellt in seinem Buch dar, dass er 1999 gegen Johannes Rau, den damaligen Bundespräsidenten, folgende Worte äußerte:[165]

„Man wünsche sich einen Bundespräsidenten, der frei ist von solchen Vorwürfen aus seiner Zeit als Ministerpräsident, sagte ich damals – und wörtlich: ‚Es ist tragisch, dass Deutschland in dieser schwierigen Zeit keinen unbefangenen Bundespräsidenten hat, der seine Stimme mit Autorität erheben kann.' Dieser Satz kam zwölf Jahre später mit der Gewalt eines Bumerangs zurück."[166]

163 Wulff (2014), S. 26.
164 Wulff (2014), S. 52.
165 Vgl. Wulff (2014), S. 60–61.
166 Wulff (2014), S. 61.

Anschließend weist er darauf hin, dass er von seinen Sätzen eingeholt wurde, und erwähnt, die Bibel nicht gründlich studiert zu haben, indem er anführt:[167]

> *„Richtet nicht, auf dass ihr nicht gerichtet werdet. Denn ... mit welcherlei Maß ihr messet, wird euch gemessen werden."*[168]

Mit diesen Worten zeigt Christian Wulff, wie er mit seinen Fehlern aus der Vergangenheit umgeht. Er bezieht sich auf die Bibel und verdeutlicht, dass er darin persönlich nach Lösungen seines Problems sucht. In diesem Kontext kann man von einer Entwicklung von Charisma durch Stigmatisierung sprechen, da sich Wulff mit seiner Illustration selbst stigmatisiert und zu seinem Fehler öffentlich bekennt.

> *„Die Niederlagen, die ich im Laufe meines politischen Lebens hatte ertragen müssen, waren Niederlagen durch den politischen Gegner gewesen. Was ich während der Juni-Kampagne auszuhalten hatte, richtete sich gegen mich als Person; es waren Tiefschläge, die sicher auch ein robuster Politiker nicht so einfach wegsteckt. Wem es in der Küche zu heiß ist, der soll nicht Koch werden wollen, heißt es. Aber je mehr Widerstand mir entgegenschlug, desto mehr beschlich mich das Gefühl, mit genereller Feindseligkeit konfrontiert zu sein. Entsprechend unsicher bewegte ich mich, entsprechend unsicher wirkte ich in manchen Reden. Die massive Kritik an mir hat vorhandene Selbstzweifel verstärkt. Heute weiß ich, dass ich in einen Teufelskreis geriet: Wie ich unsicher war, wurde ich kritisiert, und weil ich kritisiert wurde, war ich unsicher."*[169]

Bezugnehmend auf Charisma und Widerstand können anhand von Christian Wulffs Schilderung Parallelen zwischen Theorie und Praxis aufgedeckt werden. Indem er seinen Umgang mit der Situation und seine Gefühlslage beschreibt, stellt er die Auswirkungen des Phänomens Mobbing dar. Aufgrund der Kritik verlor er Selbstsicherheit und fand sich deshalb in einem Teufelskreis wieder, da sich die ursprüngliche Kritik nun bestätigte. Vergleich Kapitel 3.2.3

167 Vgl. Wulff (2014), S. 61.
168 Wulff (2014), S. 61.
169 Wulff (2014), S. 115.

> Christian Wulff: *„In den neuneinhalb Wochen der Kampagne erging es mir wie dem Hasen im Wettlauf mit dem Igel. Sobald der Hase ins Ziel kommt, sitzt dort die Frau des Igels und ruft: Bin schon da. Der Hase rennt hin und her, bis er am Ende tot umfällt. Hatte ich eine Geschichte aus der Welt geschafft, hielt mir irgendeine Redaktion am nächsten Tag prompt den ersten Zipfel einer neuen Geschichte vor die Nase."*[170]

Da Herr Wulff auf jede Kampagne einging und sich zu jeder Kampagne äußerte, bewog dies die Presse dazu, immer weiter zu gehen. Jede Aussage lieferte eine neue Geschichte. Der Widerstand war so weit fortgeschritten, dass jede Aussage, ob positiv oder negativ, politisch oder persönlich, als Schlagzeile gegen ihn verwendet wurde. Daraus lässt sich schlussfolgern, dass eine Strategie, Widerständen zu begegnen, nicht die Rechtfertigung für eine Schlagzeile, sondern die Konfrontation mit dem Tatbestand selbst ist. Eine persönliche Rechtfertigung hinsichtlich persönlicher Beleidigungen führt dazu, neue Angriffsflächen zu liefern. Zudem hätte er sich konträr zu der von seinen Gegnern erwarteten Reaktion verhalten können.

Ein weiteres Beispiel:

> *„Vielen Journalisten ging es nicht um Aufklärung dieses oder jenes Sachverhalts, es ging ihnen darum, mich vorzuführen, mich schwitzen zu sehen, mich lächerlich zu machen. Ich fühlte mich wie beim Dosenwerfen auf dem Jahrmarkt. Nach dem Motto ‚Es bleibt immer was hängen' war keine Denunziation abwegig genug. Die Wahl zum Schulsprecher 1976 hätte ich nur gewonnen, weil ich in den Pausen ‚After Eight' verteilt hätte ..." „Die Vorwürfe wurden immer kleiner, immer kleinlicher, immer kleinkarierter." „Viele Fragen waren von vornherein so angelegt, dass jede mögliche denkbare Antwort zwangsläufig sofort neue angebliche Widersprüche nach sich ziehen musste." „Ich konnte nur defensiv antworten. Vieles war frei erfunden, und vieles wurde offensichtlich nur behauptet, um den damit verbundenen Verdacht am nächsten Tag mit dem Hinweis zu veröffentlichen, der Bundespräsident habe dementiert, aber entsprechende Nachfragen leider nicht vollständig beantworten können."*[171]

170 Wulff (2014), S. 191–192.
171 Wulff (2014), S. 192–193.

Dieses Beispiel verdeutlicht, dass Christian Wulff in eine Pariasituation geriet, in der ihm sein weiterer sozialer Überlebenskampf und jedes weitere Verhalten zur Last gelegt wurden. Das Ziel von Widerständen in Form von Mobbing distanziert sich von dem Bestreben eine Lösung für ein Problem zu finden, und entsprechend werden in der Regel jegliche Schritte, einen Kompromiss zu finden, unterbunden. Eine auf friedlicher Einsicht basierende Argumentation wird damit stets umgangen. Das Schema des Mobbings aus der Arbeitswelt kann insofern auch auf den Fall eines öffentlichen Amtes angewendet werden, als die Intention des Mobbings in Bezug auf Führungspositionen in der Politik hier der Zielsetzung geschuldet war, Christian Wulff das Amt streitig zu machen.

Die Erklärung, Herr Wulff sei gescheitert, weil er mit jeder Erklärung neue Angriffsflächen geboten habe, nicht an den Vorwürfen selbst,[172] ist zudem unbestreitbar. Aufgrund seines Amtscharismas befand er sich in einer Zwickmühle. Als Bundespräsident war er zu einem gewissen Grad verpflichtet, auf Fragen und Anliegen der Bürgerinnen und Bürger einzugehen, jedoch wurde diese Abhängigkeit so sehr ausgereizt, dass er mit jeder Aussage zunehmend verwundbar wurde. In diesem Zusammenhang kann ein Unterschied zwischen dem Charisma des Amtes und dem persönlichen Charisma aufgezeigt werden. Während der persönliche Charismatiker unabhängig agieren und sich somit aus der Affäre ziehen kann, ist der Amtscharismatiker in gewissen Situationen zur Rechenschaft verpflichtet. Aus soziologischer Perspektive bestätigt der Fall von Christian Wulff Max Webers Auffassung, dass der Charisma-Träger von seinen Geführten abhängig ist. Sein Amtscharisma war in diesem Sinne von einer Bewährung abhängig.

> *„Auch der große Zapfenstreich, der am 8. März im Garten von Schloss Bellevue stattfand, zeigte den Hass, der sich auf die Teilnehmer der Veranstaltung richtete. Im Internet kursierte sogar eine ‚Liste der Schande', in der alle Teilnehmer der Veranstaltung aufgeführt*

172 Vgl. Wulff (2014), S. 193.

wurden. Gleichzeitig organisierte man einen Aufruf, die Veranstaltung durch Lärm von Vuvuzelas zu stören."[173]

Das Spannungsverhältnis zwischen Charisma und Widerstand zeigt, dass Charisma in der Regel mit einer Gruppenidentität konfrontiert ist. Aufgrund der ausgeprägten Gruppendynamik, die sich gegen Christian Wulff entwickelte, schien der Widerstand gegenüber seiner Person Trendcharakter anzunehmen.

Wulff beschreibt seine Gefühle und seinen persönlichen Verlust, den er während seiner Zeit als Bundespräsident erdulden musste, mit folgenden Worten:

> *„Mein Freispruch hat die mediale Vorverurteilung nicht aufwiegen können. Die Wiederherstellung meiner Ehre im staatsbürgerlichen Sinn ersetzt nicht den Verlust meiner Ehre als öffentliche Person.*"[174] *„Im Zuge der Ermittlungen gegen mich wurden Grundrechte eingeschränkt wie die Unverletzlichkeit der Wohnung, das Fernmelde- und Postgeheimnis, das Bank- und Steuergeheimnis, die Verschwiegenheitspflicht." „Mit der widerrechtlichen Veröffentlichung privatester Details aus laufenden Ermittlungen heraus suchte man mich in der Öffentlichkeit stets aufs Neue zu diffamieren." „Im Grunde musste die Staatsanwaltschaft zu der öffentlichen Hinrichtung meiner Person nur noch die erforderlichen Papiere nachreichen." „Im Kampf zwischen Medien und Politik geht es allerdings längst nicht mehr um die Feststellung von Schuld und Unschuld: Das Urteil ist gefällt, bevor der Prozess begonnen hat." „Viele Menschen haben gespürt, dass unter dem Mantel der journalistischen Aufklärungspflicht Regeln von Moral und Anstand massiv verletzt wurden.*"[175]

Die Kriterien des § 3 Abs. 3 AGG scheinen in Christian Wulffs Fall erfüllt zu sein, da ein Umfeld geschaffen wurde, das durch Einschüchterung, Anfeindung und Beleidigung gekennzeichnet war. Somit ist der Fall Wulff ein exemplarisches Beispiel für Widerstände in Form von Mobbing gegenüber einem Amtscharisma. Auch Wulffs Wortwahl offenbart, wie er die Vorverurteilung persönlich empfand, da er von der öffentlichen Hinrichtung seiner Person

173 Vgl. Wulff (2014), S. 231–232.
174 Wulff (2014), S. 8.
175 Wulff (2014), S. 10.

spricht. Jedoch stehen diese Kriterien nicht in Zusammenhang mit einem in § 1 AGG genannten Grund und gelten daher nicht als eine Benachteiligung im Sinne des Gesetzes.

3.3.3 Schlussfolgerungen zum Fall Christian Wulff

Anhand einer Analyse ausgewählter Zitate aus dem Buch „Ganz oben, ganz unten" und einer Berücksichtigung der Sicht des Betroffenen wird der Widerstand gegenüber dem Amtscharisma als etwas aufgezeigt, dass dem Phänomen des Mobbings entspricht. In Christian Wulffs Fall hätte eine Lösung zur Überwindung von Widerständen darin bestanden, sich konträr zu den Erwartungen der Öffentlichkeit zu verhalten und diese mit dem jeweiligen Tatbestand zu konfrontieren, auf Schlagzeilen nicht weiter einzugehen und auf Anfeindungen mit Humor zu reagieren. Es ist anzunehmen, dass es unter diesen Umständen möglich gewesen wäre, Grenzen zu setzen, während das Interesse im weiteren Verlauf schließlich abgeklungen wäre. Allerdings ist seine Entscheidung zurückzutreten, auch eine Art Grenzen zu setzen und dieses „Spiel" aus Selbstschutz nicht mehr mitzuspielen, ein Schachzug, der ihm seine Freiheit und seinen Wert zurückgegeben hat. Daraus lässt sich schlussfolgern, dass jede Aktion auch auf die innere Befindlichkeit abgestimmt werden muss, um erfolgreich sein zu können. Erfolg bedeutet in diesem Zusammenhang nicht das Bestreben unbedingt im Amt zu bleiben, sondern vielmehr das eigene Leben zu schützen und zu bewahren.

Die Schattenseite von Charisma verweist auf den Widerstand, mit dem Charisma stets konfrontiert ist. Aus Perspektive des betroffenen Opfers äußerte sich hier der Widerstand gegenüber Christian Wulffs Amtscharisma in der medialen Vorverurteilung mit dem Ziel, einen Rücktritt zu erzwingen. Max Webers Charisma-Definition kann anhand von Christian Wulffs Fall bestätigt werden. Dementsprechend trifft das Kriterium der Abhängigkeit auf das Amtscharisma zu und bestätigt dabei die Notwendigkeit einer Bewährung und Anerkennung bei den Geführten, um der Auserwählung gerecht zu werden. Dieses Beispiel verdeutlicht eine Ursache des Wertewandels der unsere Zeit kennzeichnet. Die Macht der Gruppe gegen den Einzelnen ist so sehr ausgeprägt, dass man aus Angst vor der Mehrheit und aus Abhängigkeit von der Anerkennung in Kauf nimmt, Wert zu unterdrücken.

3.4 Charisma in der Führungspsychologie: Charisma als Attribut der Persönlichkeit in Anlehnung an die Eigenschaftstheorie der Führung

In diesem Kapitel wird Bezug auf Charisma in der Führungspsychologie genommen, um das Phänomen Charisma aus individualpsychologischer Sicht begründen und einordnen zu können. Anschließend wird die Entwicklung der Begrifflichkeit Charisma in Bezug zur charismatischen Führung dargestellt.

Das Phänomen Führung ist in allen Kulturen gegenwärtig und zeitlos relevant. Der Führungsbegriff an sich ist durch eine hohe Bedeutungsvielfalt gekennzeichnet, die sich von der Religion über die Wissenschaft bis zur Politik erstreckt. Die sozialwissenschaftliche Auseinandersetzung mit dem Phänomen der Führung wurde zu Beginn des 20. Jahrhunderts eingeleitet. Dabei lässt sich eine ansteigende multidisziplinäre und integrative Ausrichtung der Führungsforschung erkennen, die sich vor allem in der Organisationspsychologie, Organisationssoziologie und in der verhaltenswissenschaftlichen Betriebswirtschaftslehre etabliert hat.[176]

Diese wurde auch unter der „Great Man Theory" bekannt und bezieht sich im Besonderen auf die Führungsperson als Erklärung von Führung. Im Hinblick darauf wird der Führungsperson eine außerordentliche Persönlichkeit nachgesagt, die sie für eine Führungsposition auszeichnet.[177] Die Eigenschaftstheorie der Führung ist in der Führungspsychologie verankert und gibt an, dass spezielle Persönlichkeitsmerkmale beziehungsweise Eigenschaften einer Führungsperson verantwortlich für Erfolg oder Misserfolg sind. Aus

176 Vgl. Hentze/Kammel/Lindert (2005), S. 1.
177 Vgl. Klaußner (2009), S. 20.

dieser Perspektive werden das Führungsverhalten und die Führungsfähigkeit durch beständige und situationsübergreifende Eigenschaften definiert, die sich etwa in einer Fähigkeit zur Artikulation, einem besonderen Durchsetzungsvermögen, hoher Intelligenz oder einer starken Willenskraft äußern können.[178] Dabei dient der Charakter einer Führungsperson als bestimmendes Merkmal für erfolgreiche Führung. Des Weiteren gehen die ältesten Verfechter der Eigenschaftstheorie davon aus, dass diese besonderen erfolgversprechenden Eigenschaften angeboren sind und nicht erlernbar.[179]

Konträr dazu betrachtet eine Mehrzahl von Studien eine Begründung des Führungserfolgs einzig und allein durch persönliche Führungseigenschaften als illusionär. Einige Studien ließen sogar kaum oder negative Zusammenhänge zwischen Persönlichkeitseigenschaften und erfolgreicher Führung erkennen. Die Persönlichkeit lieferte hierbei einen eher geringen Beitrag zu einer Erklärung.[180] Max Webers Auffassung nimmt ebenso Abstand von der Persönlichkeit des Charismatikers und betont eher die Struktur sozialer charismatischer Beziehungen als ausschlaggebend.[181] Auch die Situationstheorie der Führung geht davon aus, dass die Führungssituation ein weitaus wichtigeres Argument für effiziente Führung darstellt. Die Persönlichkeit sowie das Verhalten der Führungsperson erachtet sie eher als zweitrangig, und sie vertritt die These, dass kein universaler Führungsstil als Erfolgsgarant existiert. Deshalb betrachtet die Situationstheorie die Bestimmung eines spezifischen Führungsstils entsprechend der Führungssituation als essentiell.[182]

Gerade wegen der unterschiedlichen Auffassungen darüber, was man unter erfolgreicher Führung versteht, herrscht Uneinigkeit darüber, welche spezifischen Eigenschaften als charismatisch anzusehen sind. In vorliegendem Buch wird angenommen, dass charakteristische charismatische Eigenschaften existieren, die Führungsper-

178 Vgl. Aretz (2007), S. 10–11.
179 Vgl. Schieffer (1998), S. 24–26.
180 Vgl. Aretz (2007), S. 12.
181 Vgl. Schreyögg/Sydow (1999), S. 210.
182 Vgl. Lieber (2007), S. 48.

sönlichkeiten auszeichnen und es ihnen ermöglichen, erfolgreich zu sein. Die Führungspsychologie interpretiert Charisma als eine Erfolg stiftende Eigenschaft einer Führungspersönlichkeit. Gemäß der Hypothese, erfolgreiche Führung sei an die Persönlichkeit des Führers geknüpft und von dieser abhängig, ist Charisma als ein Persönlichkeitsmerkmal der Eigenschaftstheorie der Führung zuzuordnen.

3.4.1 Die Persönlichkeit

Da der Mensch und seine Persönlichkeit dem Charisma erst Ausdruck verleihen, setzt sich dieses Kapitels mit dem Begriff der Persönlichkeit auseinander. Zimbardo und Gerrig definieren Persönlichkeit als „die einzigartigen psychologischen Merkmale eines Individuums, die eine Vielzahl von (offenen und verdeckten) charakteristischen konsistenten Verhaltensmustern in verschiedenen Situationen und zu verschiedenen Zeitpunkten beeinflussen".[183]

Der Begriff der Persönlichkeit konstituiert zwei Arten der begrifflichen Verwendung, nämlich die der evaluativen und der deskriptiven Verwendung. Eine evaluative Begriffsverwendung bezieht sich auf die Anerkennung und Wertung einer Person. Sie beschreibt Eigenschaften, die mit einer Person assoziiert werden. Darunter fallen etwa die Eigenschaften, einen grundlegenden Eindruck zu hinterlassen oder besondere Durchsetzungsfähigkeit zu besitzen. Im Alltag spricht man im evaluativen Zusammenhang von einer starken Persönlichkeit oder von einer noch nicht gereiften Persönlichkeit. Wenn der Persönlichkeitsbegriff für deskriptive Zwecke gebraucht wird, differenziert man wiederum zwischen zwei Arten von Definitionen, die sich im Begriffsumfang unterscheiden. Der engere Definitionsbereich beschreibt den Charakter eines Menschen, der durch innere Werte und Eigenschaften wie Aufrichtigkeit oder moralisches Denken zum Ausdruck kommt. Eine weitere

183 Zimbardo/Gerrig (1996), S. 520.

Fassung dieser Begrifflichkeit kann Hinweise auf spezielle Interessen einer Person geben.[184]

Pervin definiert Persönlichkeit aus psychologischer Sicht als eine „komplexe Organisation von Kognitionen, Emotionen und Verhalten, die dem Leben einer Person Richtung und Zusammenhang gibt".[185] Er führt an, dass die Persönlichkeit eines Menschen aus Strukturen und Prozessen besteht, welche die Natur eines Menschen und seine Erfahrungen widerspiegeln. Die Persönlichkeit eines Menschen setzt sich daher auch aus vergangenen Erlebnissen, Erinnerungen sowie Vorstellungen über die Gegenwart und Zukunft zusammen.[186] Daneben wird unter Persönlichkeit eine Ansammlung von unterschiedlichen Merkmalen verstanden. Dabei spielen einzelne Merkmale der Persönlichkeit zusammen, die sich auf die Umwelt auswirken.[187] Aus wissenschaftlicher Perspektive lässt sich die Persönlichkeit als ein System von Einstellungen begreifen. Der Begriff „Einstellung" weist in diesem Zusammenhang einen Objektbezug auf und meint immer die Einstellung gegenüber einer Sache, einer Person oder einem Objekt, beispielsweise die Einstellung gegenüber der Arbeit, den Arbeitskollegen, kulturellen Werten oder sich selbst.[188]

Neben vielen Begriffsbestimmungen sind sich die Persönlichkeitstheoretiker jedoch darüber einig, dass ein charakteristisches und relativ gleichbleibendes Verhalten sowie das Prädikat der Einzigartigkeit einen Grundkonsensus in den Definitionen der Persönlichkeit bilden.[189] In diesem Zusammenhang kann eine Parallele zu Charisma und Erfahrung aufgezeigt werden. Pervin führt an, dass vorangegangene Erfahrungen, Erlebnisse und Erinnerungen sowie Vorstellungen über die Gegenwart und Zukunft die Persönlichkeit eines Menschen formen. Bezugnehmend auf die Entstehung von Charisma beschreibt Rothermund das Verhältnis von Charisma und Erfahrung als Ergebnis eines Rückkopplungsprozesses. Aus

184 Vgl. Sader (1980), S. 12–13.
185 Laux (2008), S. 28.
186 Vgl. Laux (2008), S. 28.
187 Vgl. Laux (2008), S. 29.
188 Vgl. Schmidt (2002), S. 11.
189 Vgl. Zimbardo/Gerrig (1996), S. 520.

dieser Perspektive ist die Persönlichkeit einer charismatischen Führungsperson auch auf seine ehemaligen Erfahrungen zurückzuführen und bestätigt dabei die Ausführungen zur Charisma-Wirkung. Ein selbstreflektiver Umgang mit Erfahrungen bedingt in diesem Kontext die Entwicklung besonderer charismatischer Eigenschaften wie zum Beispiel visionäres Denken und Unbeeinflussbarkeit, die wiederum eine Zuschreibung von Charisma bewirken können.

3.4.2 Die charismatische Persönlichkeit

Charismatischen Persönlichkeiten wird eine besondere Ausstrahlung nachgesagt. Diese Aussage steht der Annahme entgegen, dass allein die Bekanntheit eines Menschen verantwortlich für eine Entstehung von Charisma ist. Im Hinblick auf die Entstehung von Charisma ist von Bedeutung, für das zu leben, was dem Erfolg zugrunde liegt, und nicht für den Erfolg allein. Dies kann sich bei charismatischen Menschen in einer Begeisterungsfähigkeit zeigen, die sich in ihrem Verhalten beobachten lässt. Es existiert eine Vielzahl an Eigenschaften und Fähigkeiten, die im Charisma zum Ausdruck kommen. Es heißt, ein Mensch mit Charisma wendet sich mit ganzer Kraft und Energie, in vollster Überzeugung, seinen Aufgaben zu und lebt diese mit einer leidenschaftlichen Begeisterung.[190] Hannah Senesh, zitiert bei Wolf W. Lasko: „Man braucht etwas, an das man glauben, etwas, wofür man sich mit dem ganzen Herzen begeistern kann. Man muss das Gefühl haben, dass das eigene Leben einen Sinn hat, dass man gebraucht wird in dieser Welt.“[191]

Charakterisierende Eigenschaft einer charismatischen Führungspersönlichkeit ist seine Fähigkeit, eine Masse von Menschen zu führen, die gewillt ist, ihm gutgläubig zu folgen. Dabei fällt ihm

190 Vgl. Lasko (1994), S. 14–15.
191 Lasko (1994), S. 25.

das Führen leicht. In diesem Kontext ist die Problematik der „Verführung" zu erwähnen.[192]

Charisma wird nicht immer positiv betrachtet, da es eine ambivalente Wirkung haben kann. Zum einen wird Charisma bestaunt und geschätzt, parallel dazu werden Menschen mit Charisma oftmals aber auch verdächtigt, Zuschauer durch ihre magische Aura zu täuschen, anstatt mit einer sachlichen Botschaft zu überzeugen, und deshalb imstande zu sein, zu verführen. Dieser Verdacht führt dazu, dass Menschen, die über bedeutungsvolle Inhalte reden meist, betont sachlich auftreten, um ihren seriösen Ruf zu bekräftigen, was sie davon abhält, ihre Ideen mit Begeisterung und Emotionalität zu vertreten. Im Sinne der Verführung wird Charisma als „schöner Schein" bezeichnet, der eigentliche Inhalte verschleiert und auf diese Weise Menschen charismatisch verblendet. Aus diesem Grund ist der seriöse Ruf einer charismatischen Persönlichkeit oft vorbelastet. Stéphane Etrillard spricht in diesem Zusammenhang von Vorurteilen gegenüber Charismatikern und stellt fest, dass sich Charisma in authentischer Aufrichtigkeit und empathischer Hinwendung zum Gegenüber ausdrückt. Diese Auffassung widerspricht seiner Ansicht nach dem Argument der Verführung. Etrillard stellt fest, dass charismatische Menschen, die eine echte Botschaft haben, gerade wegen ihrer anziehenden Ausstrahlung mit sachlichen Inhalten überzeugen können und zudem die zu übermittelnde Botschaft akzentuieren.[193] Hierbei sind auch die unterschiedlichen Auffassungen über Charisma entscheidend, die dazu beitragen, zwischen den Charismen differenzieren zu können. Aus der modernen Führungs- und Managementlehre geht hervor, dass Charisma anhand von Regeln erlernbar ist, indem bestimmte Verhaltensweisen eingeübt werden. Die Theologie hingegen argumentiert mit Charisma als einem geistlichen Phänomen, das intrinsisch motivierte Handlungen zur Folge hat.

Aus sozialwissenschaftlicher Perspektive geht man davon aus, dass Charisma auf bereits geschaffene Ordnungen übertragbar

192 Vgl. Sackmann (2008), S. 268.
193 Vgl. Etrillard (2012), S. 21–22.

ist.[194] Somit scheint Charisma auch auf die Gesellschaft übertragbar zu sein. Die persönlichen Werte der charismatischen Führungspersönlichkeit können eine außerordentliche Anziehungskraft haben und dazu führen, dass die Gesellschaft diese Werte ebenso verinnerlicht und in der Folge Charisma ausstrahlt. Charismatische Führung, die aus einer Vorbildwirkung der Persönlichkeit resultiert, kann in diesem Sinne auf andere Menschen wirken.

3.5 Die charismatische Führung

Die Eigenschaftstheorie der Führung führt zu der Theorie charismatischer Führung unter Berücksichtigung bestimmter Führungsfähigkeiten. In der Führungsforschung ist die charismatische Führung seit den 1980er Jahren ein sehr beliebtes Thema.[195] Die charismatischen Führungstheorien beziehen sich auf die Annahme, dass bestimmte Personen mit außergewöhnlichen Fähigkeiten dazu in der Lage sind, andere in ganz besonderer Weise zu führen. Diese Führungspersönlichkeiten werden in ihrem Wirkungskreis in hohem Maße anerkannt.[196]

Die charismatischen Führungstheorien gehen zurück auf die Überlegungen von Max Weber (1976) zur charismatischen Herrschaft.[197] Die Theorie der charismatischen Führung wurde um 1900 von Max Weber aufgestellt.[198] Weber erkannte Charisma als eine außeralltägliche Eigenschaft einer Führungspersönlichkeit, die dazu in der Lage ist, Mitarbeitern Hoffnung zu geben und diese in ganz besonderer Weise zu mobilisieren. Daneben beschrieb er ihre Fähigkeit, Mitarbeiter zur subjektiven Hingabe zu bewegen, ja sogar bis hin zu einer Reformation ihrer persönlichen Einstellungen. Die Überlegungen von House (1977) basieren ebenso auf dem Cha-

194 Vgl. Neuberger (2002), S. 146–147.
195 Vgl. Hentze/Kammel/Lindert (2005), S. 4.
196 Vgl. Lieber (2007), S. 63.
197 Vgl. Aretz (2007), S. 19–20.
198 Vgl. Lieber (2007), S. 63.

risma-Konzept von Weber und stellen dabei bestimmte Eigenschaften charismatischer Führungspersönlichkeiten in den Mittelpunkt der Betrachtung. Eigenschaften wie zum Beispiel Dominanz, Selbstvertrauen und Glaube wirken im Zuge der Vorbildwirkung der Führung auf Mitarbeiter und führen diesbezüglich zu Verhaltensweisen wie Loyalität, Akzeptanz und Vertrauen.[199] Wolfgang Lipp nennt solche Vermittlungsprozesse „charismatische Prozesse."[200] Daneben stellt Alexander Klaußner fest: „Charismatische Führung oder Herrschaft ist darüber hinaus nicht stabil. Sie ist vielmehr an die Person des Führers und an seine Bewährung beziehungsweise seinen Erfolg gebunden."[201] Robert House bezeichnet die charismatische Führungspersönlichkeit auch als „visionary, inspirational, self-sacrificing, performance oriented."[202]

Der Begriff der charismatischen Führung geht in der Auffassung der modernen Management- und Führungslehre nach House (1977) über die Vorstellungen Webers hinaus. Mit dem Begriff Charisma assoziiert man nach moderner Auffassung keine magische Bedeutung mehr. Neuere Ansätze zielen vielmehr auf konkrete Veränderungen im Meso- und Mikrobereich ab. Dabei wird das Erzeugen von Vertrauen bei den Geführten als wichtigstes Element von Charisma angeführt. Vorausgesetzt, die Führungskraft nimmt Risiken auf sich, um die Situation ihrer Mitarbeiter zu verbessern, kann Vertrauen wachsen. Charismatisch erscheinen Führungskräfte dann, wenn sie in der Lage sind, die Emotionen ihrer Mitarbeiter anzusprechen. Konträr zu der früheren Herangehensweise, die Führungsperson und die Geführten getrennt voneinander wahrzunehmen, sehen neuste Forschungsergebnisse dieses Verhältnis als interdependent und reziprok an. In dieser Hinsicht stellt die Führungskraft eine Ressource in Form adäquaten Rollenverhaltens und bekommt im Gegenzug von ihren Mitarbeitern einen größeren

199 Vgl. Aretz (2007), S. 19–20.
200 Vgl. Lipp (1985), S. 70.
201 Klaußner (2009), S. 24.
202 Achouri (2011), S. 188.

Einfluss eingeräumt, was Status, Respekt und Wertschätzung betrifft.[203]

Obgleich die charismatischen Führungstheorien Charisma zum entscheidenden Begriff ihrer Forschung machten, geht Bass davon aus, dass Charisma zwar immer beteiligt ist, wenn es gilt, außergewöhnliche Effekte im Sinne von Veränderungen in Organisationen zu erreichen, alleine jedoch dafür nicht hinreichend ist. In diesem Kontext formuliert er seine transformationale Führungstheorie, in der er den Begriff Charisma mit idealisiertem Einfluss assoziiert. Mit dem Begriff transformational bezieht er sich sowohl auf Individuen als auch auf die Transformation der Organisation.[204] Kennzeichnend für transformationale Führungskräfte sind ihre Fähigkeiten, Unternehmensvisionen zu vermitteln, mit der sich Mitarbeiter emotional verbunden fühlen, da sich ihre Bedürfnisse und Ziele in der jeweiligen Unternehmensvision widerspiegeln. Transformationale Führung setzt sich aus vier voneinander abhängigen Dimensionen zusammen, nämlich aus idealisiertem Einfluss (Charisma), inspirierender Motivation, intellektueller Stimulierung und individueller Mitarbeiterorientierung. Aus dieser Perspektive wird Charisma beziehungsweise idealisierter Einfluss als der Grad beschrieben, zu dem eine Führungspersönlichkeit Identifikationsmöglichkeiten schafft, indem sie sich authentisch verhält und eine Vorbildfunktion einnimmt. Aufgrund ihrer Begeisterungsfähigkeit und ihrer Glaubwürdigkeit wird es der charismatischen Führungsperson möglich, Einfluss auf die Geführten auszuüben, da diese infolge von Bewunderung, entgegengebrachtem Respekt und Vertrauen eine emotionale Bindung zu ihrer Führungsperson entwickeln. Indem die Führungspersönlichkeit idealisiert wird, wird den Geführten die Möglichkeit einer Identifikation eröffnet. Das Leitprinzip der transformationalen Führung ist daher die Emotionalität, da transformationale Führung den Verstand und das Gefühl gleichermaßen anspricht.[205]

---

203 Vgl. Karipidis (2012), S. 22–23.
204 Vgl. Kirchler (2011), S. 475.
205 Vgl. Kirchler (2011), S. 475–476.

Nach Shamir wird die Vorgehensweise charismatischer Führungspersonen in fünf Schritten beschrieben. Zuerst erfolgt eine Erhöhung des intrinsischen Werts der Anstrengung, indem auf die symbolischen und ausdrucksvollen Aspekte gemeinsamer Ziele hingewiesen wird. Anschließend findet eine Erhöhung von Selbstwert und Selbstbewusstsein bei den Geführten statt, und auch der intrinsische Wert der Zielerreichung erhöht sich. In diesem Kontext präsentiert die Führungsperson werthaltige Ziele und stellt gleichzeitig eine Verbindung zur kollektiven Vergangenheit her, um somit ein Gefühl des gemeinsamen Wachsens mit den Zielen zu generieren. Daneben wird der Glaube an eine bessere Zukunft hervorgehoben und eine persönliche Opferbereitschaft für die gemeinsamen Ziele vorgelebt.[206]

In der Literatur wird „charismatischer Führungsstil" auch als Synonym für „Führung durch starke Persönlichkeit" verwendet. Durch diesen Führungsstil wird es Vorgesetzten möglich, mittels ihrer beeindruckenden Ausstrahlungskraft zu motivieren und zu begeistern. Hingegen ist eine Beteiligung der Mitarbeiter am Führungsgeschehen, insbesondere an essentiellen Entscheidungen, meist nur sehr schwach ausgeprägt oder überhaupt nicht existent.[207] Deshalb pflegen charismatische Führungspersönlichkeiten oft einen autoritären Führungsstil.[208] Bernd Lieber führt in diesem Zusammenhang an, dass charismatische Führung nur dann wirksam werden kann, wenn sie von den Geführten angenommen und akzeptiert wird. Diese Akzeptanz ist besonders in Krisensituationen zu beobachten, wenn es einer Führungsperson möglich ist, angesichts einer prekären Lage den Geführten Sicherheit und somit eine positive Zukunftsvision zu vermitteln.[209] Charismatische Führung lässt sich nach Bass und Riggio (2006) gerade in Krisen oder Stresssituationen erproben. Ihrer Auffassung nach eignet sich die charismatische Führungskraft Akzeptanz und Wertschätzung an, indem sie rigorose

206 Vgl. Karipidis (2012), S. 24–25.
207 Vgl. Haunerdinger/Probst (2004), S. 64.
208 Vgl. Hummel (2007), S. 142.
209 Vgl. Lieber (2007), S. 65.

Lösungskonzepte darbietet und couragiert vorgeht. Diesbezüglich argumentiert Max Weber (1924), dass Mitarbeiter in turbulenten und beunruhigenden Situationen eher dazu bereit sind, einer charismatischen Führungskraft Folge zu leisten. In Folge einer „Rettung" aus Hilflosigkeit und Angst entwickeln Mitarbeiter eine große Dankbarkeit sowie Loyalität gegenüber ihrer Führungskraft, was wiederum das Charisma der Führungsperson bestätigt.[210]

Es zeichnet sich somit ab, dass unter charismatischer Führung auch eine Art „psychologische Einflussnahme" zu verstehen ist, weil der charismatische Führer dazu in der Lage ist, die Emotionen der Geführten wahrzunehmen und entsprechend anzusprechen. Auf diese Weise gelingt es ihm, zu motivieren und zu begeistern. Die Emotionalität der Führung scheint deshalb ausschlaggebendes Kriterium charismatischer Führung zu sein.

3.6 Autorität und Führung

Autorität wird nach Walter Neubauer und Bernhard Rosemann als „der auf Anerkennung und Wertschätzung von Personen und Institutionen (oder deren Symbolen) gegründete Einfluss auf andere Personen"[211] definiert. Hierbei handelt es sich um ein relationales Konzept, wobei Personen die Bedeutung anderer Personen, Institutionen oder auch Symbolen als wichtig akzeptieren und ihnen dadurch sozusagen Autorität verleihen.[212] Bernadette Frei spricht in diesem Kontext von Personen mit Überzeugungskraft, Einfluss und Durchsetzungsvermögen.[213]

Daneben ist zwischen der personalen und der formalen Autorität zu differenzieren. Die personale Autorität wird mit bestimmten Persönlichkeitsmerkmalen in Zusammenhang gebracht, die von anderen hoch geschätzt werden. Diese Merkmale gründen zum

210 Vgl. Achouri (2011), S. 189.
211 Neubauer/Rosemann (2006), S. 45.
212 Vgl. Neubauer/Rosemann (2006), S. 45.
213 Vgl. Frei (2003), S. 89–90.

Beispiel in Lebens- oder Berufserfahrung, hoher sozialer Kompetenz oder vorangegangenem Erfolg. Die Grundlage der personalen Autorität bildet ein Vertrauensverhältnis zwischen dem Führer und den Geführten. Das Vertrauen wird dem Führer aufgrund seiner besonderen Eigenschaften, wie etwa einem ausgeprägten Gerechtigkeitssinn, einem integren Charakter, Sachkompetenz oder Empathie, freiwillig entgegengebracht.[214] Die personale Autorität, die auf die Persönlichkeit des Führers und dessen persönliche Ausstrahlung zurückzuführen ist, wird in der Literatur auch synonym mit Charisma verwendet.[215] Mit der persönlichen Autorität werden auch die Eigenschaften Authentizität, Vertrauen und Loyalität in Verbindung gebracht.[216] Personale Autorität geht in diesem Sinne mit Charisma einher.

Die formale Autorität ist im Gegensatz dazu nicht an eine Person gebunden. Sie basiert vielmehr auf einer durch die Organisation bestimmten hierarchischen Position, welche die Person berechtigt, Weisungen und Anordnungen zu erteilen.[217] Analog dazu ist auch von einer „Amtsautorität" die Rede, die mit einer bestimmten hierarchischen Stellung einhergeht.[218] Max Weber stellt fest, dass Charisma als die Quelle der Autorität anzusehen ist. Charisma besitzt in diesem Sinne eine individuelle Eigengewalt, die Herrschaft legitimiert.[219] Zudem wird Autorität als eine Form der Macht beschrieben. Die Autorität wird von den Geführten positiv empfunden und berechtigt den Führer im Umkehrschluss zur Machtausübung.[220] Insofern bedeutet Macht nicht gleich Autorität, da erst die Akzeptanz einer Machtposition des Führers durch die Geführten zu wahrhaftiger Autorität führt.[221] Die personale Autorität ent-

214 Vgl. Walter/Cornelsen (2005), S. 166.
215 Vgl. Gonschorrek (1997), S. 109.
216 Vgl. Fehrs (2012), S. 34.
217 Vgl. Henschel (2008), S. 241.
218 Vgl. Neubauer/Rosemann (2006), S. 45.
219 Vgl. Weber (1980), S. 664.
220 Vgl. Fehrs (2012), S. 34.
221 Vgl. Kruber (2009), S. 18.

spricht demnach persönlichem Charisma, während die Bedeutung der formalen Autorität sinngemäß dem Amtscharisma entspricht.

3.7 Charakteristische charismatische Eigenschaften einer Persönlichkeit

Gemäß der Eigenschaftstheorie der Führung führt Wolfgang Lipp an, dass Charisma an einzelne außergewöhnlich begabte „Persönlichkeiten" gebunden ist, die mit übernatürlichen Fähigkeiten ausgestattet sind.[222] Da charismatischen Persönlichkeiten außeralltägliche Fähigkeiten innewohnen, die über ihre Ausstrahlung zu beobachten sind, kann die Persönlichkeitspsychologie Hinweise auf Merkmale und Fähigkeiten aufzeigen, die hinter dieser Ausstrahlung zu vermuten sind.[223] Aus dem persönlichkeitszentrierten Ansatz wird abgeleitet, dass bestimmte Persönlichkeitseigenschaften charismatischen Charakter besitzen.[224] Als Charaktereigenschaften charismatischer Führungspersönlichkeiten werden zum Beispiel ein hohes Selbstvertrauen, Entschlossenheit, ein enorm ausgeprägtes Machtbedürfnis und eine Sensibilität gegenüber der Umwelt angeführt. Daneben verfügen charismatische Führungspersönlichkeiten über Zukunftsvisionen und Ziele, die sie präzise und überzeugend präsentieren.[225]

In der Literatur werden Persönlichkeitseigenschaften als methodisch oder operational vermittelte subjektzentrierte menschliche Wesenszüge bezeichnet, die dem Menschen und seinem Verhalten nahezu stabil und konsistent zugewiesen werden können. Dagegen sind Fähigkeiten handlungszentriert und versinnbildlichen gleichbleibende Systeme physischer und psychologischer Handlungspro-

222 Vgl. Lipp (1985), S. 67.
223 Vgl. Häusermann (2001), S. 20.
224 Scheungraber (2012), S. 20.
225 Kirchler (2011), S. 472.

zesse.[226] Der Kompetenzbegriff wird vornehmlich synonym zum Begriff Eigenschaft oder Fähigkeit verwendet.[227]

Es existieren zahlreiche Begriffe, die für Charisma bezeichnend sind, wie etwa Selbstsicherheit, Leidenschaft und Unabhängigkeit.[228] Tucker (1968) weist einer charismatischen Führungspersönlichkeit ganz besondere Eigenschaften zu, wie zum Beispiel visionäres Denken, rhetorische und kommunikative Begabung sowie Zukunftsorientierung.[229]

Auch spricht man von Charisma, wenn man die Fähigkeit besitzt, Menschen zu motivieren. Notwendige Voraussetzung dafür, erfolgreich motivieren zu können, ist eine erhöhte Beziehungsfähigkeit. Kennzeichnendes Merkmal für Beziehungsintelligenz ist, wenn man Menschen für sich gewinnen und für ein gemeinsames Ziel begeistern kann. Aus diesem Grund wird der Begriff der Beziehungsintelligenz in der Literatur als Synonym für Charisma gebraucht.[230] Der britische Psychologe Richard Wiseman assoziiert mit einer charismatischen Persönlichkeit drei wesentliche Eigenschaften. Diese Persönlichkeit ist in der Lage, Emotionen sehr intensiv wahrzunehmen, und sie vermag es auch, andere Menschen diese starken Gefühle miterleben zu lassen. Sie ist jedoch resistent gegenüber den Einflüssen anderer charismatischer Persönlichkeiten.[231] Stéphane Etrillard stellt fest: „Charismatische Menschen folgen ihrem Herzen."[232]

Oswald Neuberger führt an, dass neben den Eigenschaftsbegriffen, die mit einer charismatischen Persönlichkeit in Verbindung gebracht werden, der psychodynamische Ansatz eine Erklärung für die Entstehung von Charisma liefert. Er bezieht sich dabei auf die interne Dynamik dieser Persönlichkeiten, die zu einer Entwicklung von Charisma führen kann. Dieser Ansatz prägt die Annahme, dass Charismatiker aufgrund schwerer Lebenserfahrungen befähigt wer-

226 Vgl. Lang (2009), S. 11.
227 Vgl. Hertel (2009), S. 50.
228 Vgl. Neuberger (2002), S. 158.
229 Vgl. Neuberger (2002), S. 157.
230 Vgl. Steck/Nolte (2012), S. 22.
231 Vgl. Katzengruber (2010), S. 44.
232 Etrillard (2012), S. 19.

den, ihr Leben in Gänze zu reformieren. So ist es ihnen möglich, nach inneren Kämpfen und Rückzug mit einer neuen Identität zu erscheinen und ein neues Leben zu beginnen. Im Hinblick darauf spricht der Psychoanalytiker Zaleznik (1977) von „zweimal geborenen Persönlichkeiten".[233] Neben einer Vielzahl von Charaktermerkmalen wie Selbstvertrauen, Zukunftsorientierung, Leidenschaft, Unabhängigkeit, Sensibilität und Emotionalität verweist die Entwicklung von Charisma stets auf die Bedeutung der internen Dynamik charismatischer Persönlichkeiten. Die Sichtweise von Neuberger geht mit Aberbachs Auffassung hinsichtlich der Entwicklung von Charisma einher. Aberbach spricht in diesem Zusammenhang von einer Kombination von Schwäche und Stärke, wobei die Stärke überwiegt und zur Kreation einer neuen Identität führen kann.

3.7.1 Charismatische Eigenschaften aus theologischer Sicht

Die theoretischen Erkenntnisse aus der Analyse des Charisma-Begriffs offenbaren charismatische Eigenschaften aus theologischer, soziologischer und managementorientierter Perspektive. Jede Disziplin beschreibt dabei jeweils unterschiedliche Eigenschaften und Voraussetzungen als ausschlaggebend für eine Entstehung von Charisma. In Kapitel 2 wurden charismatische Eigenschaften aus theologischer Perspektive dargestellt. Charisma erscheint dabei als eine durch den Geist Gottes vermittelte Gnadengabe. Der Heilige Geist wird als die heiligende und heilige Macht Gottes definiert, die im Charisma zum Ausdruck kommt. Zu den typischen charismatischen Eigenschaften zählen entsprechend der Glaube, die Prophetie, die Weisheits- und Erkenntnisrede und die Liebe, die als die höchste Geistesgabe gedeutet wird. Auch das Geschenk des irdischen und geistlichen Lebens zählt aus theologischer Sicht zum Charisma. Neben den persönlichen charismatischen Eigenschaften erwähnt Paulus auch ein Amtscharisma. Dieses bevollmächtigt dazu, in der Ge-

233 Vgl. Neuberger (2002), S. 159.

meinde eine spezielle Funktion auszuüben. Das Amtscharisma versinnbildlicht daher die von Gott verliehenen Dienste.

Hervorzuheben ist, dass Charisma aus theologischer Perspektive nicht von einer Bewährung bei den Geführten abhängig ist. Aus der Perspektive der charismatischen Führungspersönlichkeit ist weder das persönliche noch das Amtscharisma von anderen Menschen abhängig. Ein hoher Selbstwert ist ausschlaggebend für diese Unabhängigkeit die charismatische Führungspersönlichkeiten auszeichnet. Die Persönlichkeit des Charismatikers prägt demnach der Glaube, dass Gott durch seinen Heiligen Geist vermittelt dem Menschen Charisma in Form seiner geistlichen Gegenwart schenkt und ihn somit von der Abhängigkeit der Anerkennung befreit. Denn wäre Charisma von der Anerkennung von Menschen abhängig, gäbe es womöglich keine charismatischen Führungspersönlichkeiten. Dies macht vor allem das Thema Charisma und Widerstand deutlich.

3.7.2 Charismatische Eigenschaften aus soziologischer Sicht

Wie in Kapitel 2 gezeigt, wird Charisma aus soziologischer Sicht als eine durch Regeln erlernbare Fähigkeit dargestellt. Nach Weber erscheint die Qualität der Persönlichkeit des Charismatikers als herausragend, magisch und übernatürlich. Weber führt ebenso wie Paulus die Gabe der Prophetie als charismatische Eigenschaft an und typisiert deshalb den Charismatiker als den Religiösen.

Anstatt persönliche charismatische Eigenschaften zu fokussieren, betont Weber eher die Signifikanz einer sozialen Beziehung zwischen dem Charismatiker und seinen Geführten. Er bezieht sich auf die außeralltägliche Qualität der Persönlichkeit des Charismatikers, die zwar ausschlaggebend dafür ist, ob diesem Charisma zuerkannt wird, jedoch stets von einer Bewährung abhängig ist. Im Gegensatz zum theologischen Verständnis wird hier die Abhängigkeit des Charisma-Trägers von seinen Geführten hervorgehoben. Nach Webers Auffassung schwindet Charisma, wenn es nicht ständig zuerkannt wird. Hier ist ein wesentlicher Unterschied zwischen dem theologisch und dem soziologisch geprägten Charisma-Begriff zu verzeichnen. Der Charismatiker aus theologischer Sicht ist dazu in der Lage, über die Meinung der Gesellschaft über seine Person hinwegzusehen. Zum einen deshalb, weil er seinen Selbstwert nicht von anderen abhängig macht, da er seine Wertschätzung aus einer anderen Quelle erfährt und deshalb seinen Selbstwert, der ihm abgesprochen wird, zurückgewinnt beziehungswiese bewahren kann. Zum anderen deutet er diese Fähigkeit als Erfolg, da sie ihn dazu befähigt, Abwertungen als Vorlage für seinen zukünftigen Erfolg zu nutzen (Charisma-Wirkung). Der Charismatiker aus moderner Sicht ist hingegen von der ständigen Anerkennung der Geführten abhängig. Schwindet diese, wird er auch seines Charismas beraubt.

3.7.3 Charismatische Eigenschaften aus Sicht der modernen Führungs- und Managementlehre

Der Soziologe Bourdieu beschreibt die Merkmale einer charismatischen Person als zum Teil angeboren, jedoch misst er dem sozialen Umfeld, in dem sich diese Person bewegt, eine bedeutende Rolle in der Ausbildung und Entwicklung von Charisma bei. Ausschlaggebend für Charisma seien unter anderem die Bildung, eine besondere Erziehung, eine Vision und Ausstrahlung. Charisma ist also nach Bourdieu im Laufe der Sozialisation erlernbar.[234]

Zudem wurde in Kapitel 3 vorgestellt, dass die moderne Führungs- und Managementlehre Charisma als eine besondere Art der Führung begreift und schlussfolgert: „Führung ist Verhalten, Verhalten ist erlernbar, somit ist auch Charisma erlernbar."[235] Demnach führen bestimmte Verhaltensweisen zu Charisma. Als charismatische Eigenschaften werden auch kommunikative Fähigkeiten beschrieben, wie die Fähigkeiten, Visionen zu vermitteln, zu motivieren, intellektuell zu stimulieren und zu begeistern. Daneben werden ein hohes Selbstvertrauen, Entschlossenheit, ein enorm ausge-

---

234 Vgl. Enkelmann (2010), S. 63.
235 Müller (2012), S. 17.

prägtes Machtbedürfnis und eine Sensibilität gegenüber der Umwelt angeführt. Ebenso wie Weber geht die moderne Auffassung über Charisma davon aus, dass Charisma von der Außenwahrnehmung geprägt wird und davon abhängig ist. Die Auffassung der modernen Führungs- und Managementlehre bezüglich Charisma ist nahezu als Gegensatz zur theologischen Perspektive zu verstehen. Während Charisma aus theologischer Sicht intrinsisch geprägte Charaktermerkmale beschreibt, argumentiert die moderne Führungs- und Managementlehre mit einem Regelwerk für das Erlernen von Charisma.

3.7.4 Diskussion über die theologische, soziologische und managementorientierte Auffassung in Bezug auf die Hypothesen

Die Hypothese **„Charisma ist in die Wiege gelegt"** ist in theologischer Perspektive aus verschiedenen Blickwinkeln zu beleuchten. Zum einen geht man davon aus, dass ausschließlich das Wirken des Heiligen Geistes zu einer Entstehung von Charisma führen kann und diese Geistesgabe durch den Glauben bewirkt wird. Die Taufe im geistlichen Sinne bedeutet, dass Charisma nur durch den Heiligen Geist bewirkt werden kann – als Folge des Glaubens und des Wirken Gottes im Menschen. Da es Gott möglich ist, durch den Heiligen Geist im Menschen zu wirken, kann zudem davon ausgegangen werden, dass der Heilige Geist dem Menschen bereits in die Wiege gelegt ist. Demnach kann die Geistestaufe schon vor oder nach der Wassertaufe stattfinden. Infolge eines geistlichen Bekenntnisses zum Heiligen Geist, sprich des Glaubens und einer Anwendung von positiven Charaktermerkmalen die auf eine Übernahme von Verantwortung zurückzuführen ist, kann Charisma im Verhalten und Handeln sowie im gesprochenen Wort seine Wirksamkeit entfalten.

Aus soziologischer Sicht kommt dem Ursprung des Charismas weniger Bedeutung zu, da mehr die soziale Beziehung zwischen dem Charismatiker und den Charisma-Gläubigen fokussiert wird.

Die ältesten Verfechter des eigenschaftsorientierten Ansatzes gehen davon aus, dass bestimmte Merkmale, die charismatischen Charakter besitzen, angeboren sind, und verifizieren somit die Hypothese. Jedoch bezieht sich sowohl nach soziologischem als auch nach managementorientiertem Verständnis die Charisma-Geltung stets auf die Außenwahrnehmung und ist von dieser abhängig. Diese Auffassung widerlegt die allgemeine Annahme, Charisma sei eine konsistente, von Geburt an bewährte Eigenschaft. Aus diesem Grund findet diese Hypothese nach soziologischem sowie managementorientiertem Verständnis keine Bestätigung, beziehungsweise sie widerlegt sich selbst.

Aus der Perspektive der modernen Führungs- und Managementlehre, der Soziologie sowie der Theologie kann die zweite Hypothese **„Charisma ist eine erlernbare Fähigkeit"** bestätigt werden. Jedoch offenbart jede Disziplin andere Mittel und Strategien für den Erwerb von Charisma. Dies ist auch den jeweils unterschiedlichen Auffassungen darüber geschuldet, was man je nach theoretischem Zugang unter Charisma versteht und welche Persönlichkeit und welche Werte man mit einer charismatischen Führungsperson verbindet. Die Theologie argumentiert in diesem Zusammenhang mit religiösen Werten wie zum Beispiel dem Glauben und der Liebe, die als Quelle des Charismas, durch den Heiligen Geist bewirkt, angeführt werden, und verweist dabei auf die Führungspersönlichkeit von Jesus als die eines Charismatikers. Das soziologische Verständnis von Charisma bezieht sich mehr auf soziale Strukturen und Beziehungen, über die es das Charisma-Phänomen zu erklären versucht. Dabei gibt Weber keine bestimmte Handlungsempfehlung ab, wie Charisma erworben werden kann. Er interpretiert den Begriff relational und setzt ihn beschreibend ein. Aus diesem Grund wird die soziologische Perspektive nach Weber einer Beantwortung der Frage nach Persönlichkeitseigenschaften nur indirekt gerecht. Die Führungs- und Managementlehre stützt sich in der Erforschung der Erlernbarkeit charismatischer Züge einer Persönlichkeit auf gewisse Verhaltensweisen, die eine charismatische Wirkung zur Folge haben. In diesem Kontext wird auch eine sozial-kulturell konstruierte Perspektive hervorgehoben, indem sowohl soziales als auch symbolisches Kapital, wie zum Beispiel die Kleidung oder die Dinge, mit denen man sich umgibt und mit denen man sich beschäftigt, als Ausdruck von Charisma wahrgenommen werden.

Die dritte Hypothese **„Charisma wird durch Abwertung und/oder Ausgrenzung der Person, als Folge von Widerständen, geschwächt“** kann durch die theoretischen Ausführungen zur soziologischen und managementorientierten Auffassung belegt werden. Charisma ist aus dieser Perspektive einzig und allein von der Außenwahrnehmung abhängig. In der Folge führen eine Abwertung und Ausgrenzung zu weniger Charisma. Aus theologischer Sicht führen eine Abwertung und/oder Ausgrenzung der Person hingegen nicht zu weniger persönlichem Charisma.

Bezugnehmend auf die Entwicklung von Charisma durch Stigmatisierung ist festzustellen, dass Charisma zwar durch Abwertung und Ausgrenzung vorerst scheinbar geschwächt wird, jedoch die Möglichkeit einer Zurückgewinnung von Charisma gerade in der Ursache der Abwertung zu finden ist. Gesetzt den Fall, eine stigmatisierte Persönlichkeit ist dazu in der Lage, die Stigmatisierung umzudrehen, ist es möglich, Stigmata in Charisma überzuleiten. Aus dieser Perspektive trifft die Hypothese zwar tatsächlich zu, jedoch kann sie auch einen Ausgangspunkt für eine Zuschreibung von Charisma bedeuten.

Das Spannungsverhältnis zwischen Charisma und Widerstand verdeutlicht, dass Charisma immer mit Abwertung und Ausgrenzung verwoben ist und damit einhergeht. Der Charismatiker vermag diese Wechselwirkung zwischen Charisma und Widerstand mit Erfolg zu meistern, weil er dazu in der Lage ist, Abwertungen in eine Auserwählung umzukehren und somit sein Charisma zu akzentuieren. Dieses Phänomen wird als Charisma-Wirkung beschrieben, die ausschließlich dem Charismatiker zu eigen ist. Deshalb sind Abwertungen und Ausgrenzung Bestandteile von Charisma und schwächen nicht seine Wirkung, sondern bestätigen und untermalen diese. Die Theologie beschreibt diese Wirkung als Kriterium von Charisma und beweist damit zugleich, dass aus soziologischer sowie aus managementorientierter Perspektive eher von inszeniertem Charisma gesprochen wird, da der inszenierte Charismatiker stets von einer Bewährung abhängig zu sein scheint und sein Charisma im Falle von Abwertung und Ausgrenzung schwindet. Die Charisma-Wirkung bleibt in diesem Zusammenhang unberücksichtigt. Das Kriterium der Unabhängigkeit und Freiheit ist daher das entscheidende Argument für Charisma und steht im Gegensatz zu der Grundbedingung der Abhängigkeit, auf die der inszenierte Charismatiker stets angewiesen ist, um der Charisma-Geltung gerecht zu werden. Charisma ist in dieser Hinsicht nicht auf eine rein theologisch-religiöse Sicht begrenzt, sondern auch Gegenstand sozialwissenschaftlicher Forschung, insofern theologische und soziologische Motive im Hinblick auf die Charisma-Wirkung wie auch auf die Charisma-Geltung vermischt sind und demnach nicht getrennt voneinander betrachtet werden können.

Weber ist wie Paulus der Überzeugung, dass Charismatiker mit einer göttlichen Gabe beschenkt sind, denn Weber typisiert zuerst den Religiösen als Charismatiker, obgleich er Religion soziologisch betrachtet. Aus theologischer Sicht kann Charisma nur durch den Glauben entstehen, da dieser als Voraussetzung für die Taufe durch den Heiligen Geist anzusehen ist. Hierbei bezieht sich der Glaube auf religiöse Werte und Motive und befähigt die Führungspersönlichkeit aufgrund einer Anwendung dieser Werte im Verhalten und Handeln auf diese Weise zur charismatischen Führung. Der Glaube ist dabei auf der Seite der Führungsperson zu verorten und wirkt unabhängig von den Geführten. Die Soziologie nennt zwar den religiösen Aspekt, der mit Charisma verbunden zu sein scheint, erwähnt aber nicht explizit den Glauben des Charismatikers als ausschlaggebende Voraussetzung für eine Entstehung von Charisma. Demnach findet die Hypothese **„Charismatiker werden durch religiöse Werte wie zum Beispiel den Glauben geprägt“** nach soziologischem Verständnis keine Bestätigung. Der Glaube bezieht sich aus soziologischer Perspektive auf den Glauben der Geführten an die Führungspersönlichkeit. Religiöse Aspekte sind aufseiten der Geführten dabei weniger relevant. In Bezug auf die soziale Beziehung zwischen dem Charismatiker und seinen Geführten mag jedoch auch für die Soziologie Charisma eine Glaubensangelegenheit sein. Für die Führungs- und Managementlehre spielt die theologische Perspektive keine Rolle mehr, insofern die moderne Auffassung von Charisma dem Charismatiker keine religiösen Werte wie den Glauben zuschreibt. Charisma ist nach diesem Verständnis durch bestimmte Verhaltensmuster erlernt. Intrinsisch geprägtes Verhalten, das aus einem Glauben resultieren kann, findet hierbei keine Anwendung. Die Hypothese „Charismatiker werden durch religiöse Werte wie zum Beispiel den Glauben geprägt" wird demnach aus moderner Sicht falsifiziert. Zudem konzentriert sich die moderne Führungs- und Managementlehre in Bezug auf Charisma primär auf Äußerlichkeiten und betont eine sozial-kulturell konstruierte Perspektive. Somit scheint die Charisma-Wirkung ebenfalls konstruiert zu sein. Was das Verhältnis zwischen dem Charismatiker und seinen Geführten betrifft, kann demnach auch von einer inszenierten Beziehung gesprochen werden. Für die Wahrnehmung der Geführten sind dabei nicht die inneren Werte ihrer Führungsperson der Bezugspunkt in dem Blick ihrer Anerkennung, sondern die Inszenierung und das Verhalten des Charismatikers. Eine Zuschreibung von Charisma ist dabei das Resultat einer vom Charismatiker strategisch konstruierten Vorstellung. Lediglich die Theologie geht davon aus, dass Charisma nur durch den Heiligen Geist bewirkt werden kann, nämlich als Folge des Glaubens und der damit verbundenen Taufe im geistlichen Sinne; nur sie bestätigt somit die Hypothese.

4 Führung in der Politik

„Führung in der Politik und Wirtschaft bedeutet einen organisatorischen Wandel voranzutreiben. Dies impliziert eine Interaktion zwischen verschiedenen – am Führungsprozess beteiligten – Personen, bei der eine Führungskraft ein auf die Erreichung eines bestimmten Zieles gerichtetes Verhalten bei den Geführten auslöst und aufrechterhält."[236] Deshalb impliziert Führung in der Politik und Wirtschaft die Grundbedingung eines fortwährenden Kommunikationsprozesses zwischen dem Führer und den Geführten. Dies gilt für die Kommunikation innerhalb der Organisation sowie verstärkt auch für die Kommunikation nach außen. Um Strategien vermitteln zu können, wird auch in der Ökonomie die Prämisse hervorgehoben, dass die Führungsperson mit der Öffentlichkeit kommuniziert. Die Beherrschung dieser Ebene der Führung wird in zunehmendem Maß ein Erfolgsfaktor für die Interessenvermittlung gegenüber der Politik und der Öffentlichkeit. Um politische Macht entwickeln zu können, ist es deshalb notwendig, öffentliche Kommunikationswege in Anspruch zu nehmen.[237] Führung in der Politik meint vornehmlich öffentliche Exponiertheit und tägliche Mehrheitsbildung aus verschiedenen Interessengruppen. Auch ist Loyalität in der Politik bloß auf Zeit geliehen. Aus diesem Grund ist Führung in der Politik meist vielmehr pragmatische Moderation als hierarchische Regulierung.[238] Deshalb kommt der Führungspersönlichkeit in der Politik vor allem die Rolle des strategischen Beeinflussers von Mehrheiten zu. Daneben erwähnt Hans Peter Fagagnini, dass sich gute Führung dadurch auszeichnet, dass sie die Geführten richtig einzuschätzen vermag. Der Politikwissenschaftler

236 Grasselt/Korte (2007), S. 193.

237 Vgl. Grasselt/Korte (2007), S. 194.

238 Vgl. Grasselt/Korte (2007), S. 195.

James Mac Gregor Burns weist darauf hin, dass politische Führer um die Bedürfnisse der Geführten wissen müssen.[239] Helmut Schmidt führt an, dass Einfühlungsvermögen notwendig sei, um Massen auch auf psychologische Weise führen zu können.[240] Erfolgreiche Führung in der Politik bedeutet in diesem Sinne vor allem zielgerichtete Kommunikation und strategische Beeinflussung. Ein hohes Maß an Einfühlungsvermögen wird dabei stets als Grundvoraussetzung genannt, um auf psychologische Weise führen zu können, indem die Gefühle und Bedürfnisse der Geführten richtig eingeschätzt und adressiert werden.

Unser heutiges Europa setzt sich aus demokratischen Verfassungsstaaten zusammen, wobei die politische Führung vom Volk gewählt wird. In der Demokratie ist Macht zeitlich begrenzt und unterliegt fortwährender Kontrollen. Auch in der Demokratie ist Führung unverzichtbar. In der Demokratie kann Führung allerdings nur über Parteimehrheiten erlangt werden, wobei zunächst Vertrauen gewonnen und Überzeugungsarbeit geleistet werden müssen. Politische Ziele können nur verwirklicht werden, wenn genügend Rückhalt und Vertrauen der Wähler vorhanden sind.[241] Die Bürgerinnen und Bürger sind deshalb zentraler Bezugspunkt aller strategischen Handlungen.[242]

Politische Parteien prägen und kanalisieren die politische Willensbildung und Interessenvermittlung. Zudem stellt der Parteienwettbewerb den zentralen und damit wichtigsten Mechanismus der Demokratie dar.[243] Daneben ist die Macht der Medien als vierte Gewalt im politischen System zu erwähnen. Indem Medien beobachten, kontrollieren und im Fall von verfassungswidrigem Handeln öffentlich sanktionieren, prägen sie die öffentliche Meinung mit und nehmen dabei enormen Einfluss auf die politischen Akteure. In der Demokratie stellen die Medien eine Kontrollinstanz der politischen Akteure sowie ein Sprachrohr der politischen Willens-

239 Vgl. Sebaldt/Gast (2010), S. 13–14.
240 Vgl. Bliesemann de Guevara/Reiber (2011), S. 120.
241 Vgl. Becker/Gora/Ehrhardt (2006), S. 123–124.
242 Vgl. Raschke/Tils (2013), S. 539.
243 Vgl. Alemann (2010), S. 7.

und Meinungsbildung dar. Aus dieser Perspektive stehen Medien und Parteien in einem natürlichen Spannungsverhältnis zueinander.[244] Jedoch werden durch Medienkampagnen Politik, Parteien und vornehmlich Parteipolitiker zunehmend verwundbar.[245] Führung in der Demokratie ist geprägt von dem Parteienwettbewerb, den Medien und der Anforderung, das Vertrauen der Bürgerinnen und Bürger zu gewinnen, insofern sich nur so Mehrheiten gewinnen lassen, die eine Voraussetzung demokratischer Führung sind. Für Politikerpersönlichkeiten ist ein erhöhtes Maß an Einfühlungsvermögen unerlässlich dafür, Vertrauen zu generieren, um Einfluss geltend zu machen. Eine erfolgreiche Politikerpersönlichkeit zeichnet sich dadurch aus, dass es ihr gelingt, das Spannungsverhältnis zwischen Medien und Parteien authentisch zu meistern.

4.1 Die Politikerpersönlichkeit und die charismatische Führungspersönlichkeit in der Politik

In diesem Abschnitt wird die Politikerpersönlichkeit thematisiert, um anschließend die Rolle der charismatischen Führungspersönlichkeit in der politischen Führung darstellen zu können. Dabei wird ein Zusammenhang mit der charismatischen Führungspersönlichkeit aufgezeigt. Es erfolgt eine Verknüpfung der Elemente Charisma und Persönlichkeit respektive der Führungspersönlichkeit in der Politik.

Der Faktor Persönlichkeit in der Politik ist ein medial vieldiskutiertes Thema, jedoch ist die Thematik aufgrund ihres interdisziplinären Charakters nicht im politikwissenschaftlichen Mainstream angesiedelt.[246] Gemäß der politischen Psychologie werden bei der Politikerpersönlichkeit sowohl die Lebensgeschichte als auch der Charakter sowie die Erfahrungen und das soziale Umfeld in den Mittelpunkt der Betrachtung gerückt. Von großer Bedeutung für

---

244 Vgl. Alemann (2010), S. 136–137.
245 Vgl. Alemann (2010), S. 237.
246 Vgl. Pollak/Sager/Sarcinelli/Zimmer (2008), S. 7.

die Persönlichkeit des Politikers ist die Empathiefähigkeit. Diese Fähigkeit fließt in das Charisma ein. Daneben erfordert Charisma darstellerische Kompetenzen, weil Charisma durch die Kombination von Mimik, Gestik, Rhetorik und visionärer Botschaft wirkt.[247] Die Signifikanz der persönlichen Ausstrahlung als Merkmal politischen Potentials für die Ausübung eines Amtes ist im politischen System stets zu beobachten.[248] Eine brillante politische Persönlichkeit vermag es, die Bedürfnisse, Werte, Ideale sowie die Interessen einer bestimmten Gruppe authentisch zu vertreten, indem sie die Identität dieser Gruppe stützt oder deren Identität durch ihr Wirken ins Leben ruft.[249] Die politische Persönlichkeit steht im Spannungsverhältnis zwischen Privatheit und Öffentlichkeit und zahlt nicht selten den Preis der Veröffentlichung ihrer Privatsphäre. Im Umkehrschluss instrumentalisieren Politikerinnen und Politiker ihr Privates oftmals auch zu Wahlkampfzwecken und zur Imagebildung.[250] Charismatische Politikerpersönlichkeiten sind dazu in der Lage, dieses Spannungsverhältnis zwischen Privatheit und Öffentlichkeit erfolgreich zu meistern, indem sie beispielsweise Medien für sich zu nutzen wissen. Aufgrund ihres Einfühlungsvermögens und ihrer Authentizität sind Charismatiker fähig, Medien und die Öffentlichkeit strategisch zu beeinflussen.

Bei politischem Charisma geht es in erster Linie um Führung durch außergewöhnliche Persönlichkeiten, die unter Einsatz von bestimmten Eigenschaften und Techniken in spezifischen Situationen wirken.[251] Charismatischen Führungspersönlichkeiten in der Politik gelingt es, bei den Geführten eine bestimmte Wirkung zu erzielen, da sie ein ausgeprägtes Einfühlungsvermögen in deren Gefühle und Bedürfnisse sowie eine besondere Ausstrahlung besitzen, die es ihnen ermöglichen, erfolgreich zu kommunizieren.

Die Führungspersönlichkeit symbolisiert dabei eine Schlüsselperson, vornehmlich wegen ihrer allumfassenden Entscheidungs-

247 Vgl. Hartmann (2007), S. 35–36.
248 Vgl. Richter (2011), S. 91.
249 Vgl. Richter (2011), S. 100.
250 Vgl. Pollak/Sager/Sarcinelli/Zimmer (2008), S. 11.
251 Vgl. Bliesemann de Guevara/Reiber (2011), S. 9.

macht.[252] Auch unter gründungsspezifischem Aspekt, beispielsweise bei der Gründung einer Partei, ist im Falle von Charisma eine besondere Wirkung, die bei den Geführten erzielt wird, zu beobachten. Diese wird von der Persönlichkeit des Politikers, der die Gründung initiiert hat, bewirkt.

Aufgrund seines engen Kontakts mit den Parteizugehörigen begründet er die Basis der Organisationsgeschichte wie auch der Werte und der Kultur der Partei. Die Werte der Führungspersönlichkeit werden mit anderen, die an diese Werte und an deren Verwirklichung glauben, geteilt. Sie beinhalten Visionen und Ziele. Auf diese Weise übertragen sich markante Charaktereigenschaften des Gründers auf das Leben in der neuen Partei.[253] So überträgt sich die Gründerpersönlichkeit im Rahmen ihrer Vorbildfunktion, wirkt aber zugleich auch auf die Glaubwürdigkeit des Gründers bei seinen Mitarbeitern zurück.[254] Diese Vorbildfunktion kann im Extremfall zur Identifikationsfunktion werden. Charaktermerkmale der Führungsperson wirken dabei sowohl auf die Geführten als auch auf organisationale Strukturen.[255] Im Hinblick auf diese außerordentliche Wirkungskraft, die auf die Charaktereigenschaften der Führungsperson zurückzuführen ist, dominiert nach diesem Verständnis der eigenschaftsorientierte Ansatz der Persönlichkeitstheorie.

Da aus vergangenen Erfahrungen und Weltanschauungen der Führungsperson die Gründungsidee hervorgegangen ist, besitzt auch der Verstand des Gründers eine prägende Wirkungskraft. Zwischen den eigenen Werten der Führungspersönlichkeit und den Werten einer Organisation ist daher meist ein fließender Übergang zu beobachten.[256] Darüber hinaus ist es Aufgabe der Führungsperson selbst, eigene Wertvorstellungen entsprechend zu repräsentieren und die Identität der Organisation nach innen und nach außen zu verkörpern. Dabei wirkt sie ganz elementar auf das Erschei-

252 Vgl. Rode (2004), S. 75.
253 Vgl. Rode (2004), S. 76.
254 Rode (2004), S. 76.
255 Vgl. Rode (2004), S. 76.
256 Vgl. Rode (2004), S. 76.

nungsbild.[257] Diesen Anforderungen kann die Führungspersönlichkeit nur gerecht werden, wenn sie imstande ist, die geforderten Werte sichtbar und glaubwürdig zum Ausdruck zu bringen beziehungsweise zu leben.[258] Aus diesem Grund benötigt die Führungspersönlichkeit ein hohes Maß an Verantwortungsbewusstsein und die Fähigkeit zur präzisen Kommunikation.[259]

Es zeichnet sich ab, dass die Persönlichkeit der Führungsperson maßgeblichen Einfluss auf die politische Führung besitzt. Man könnte beispielsweise die Partei, der sie zugehörig ist, auch symbolisch als Spiegelbild der Führungspersönlichkeit sehen. Entscheidend sind dabei die Eigenschaften der Führungspersönlichkeit, mit denen sie die Partei grundlegend prägt und im weiteren Verlauf ihren Einfluss geltend macht. Im Hinblick auf die Vorbildwirkung der Führungspersönlichkeit besteht ein wesentliches Element der Führungsqualität darin, Werte authentisch vorzuleben und glaubwürdig zu kommunizieren, um leidenschaftliche Begeisterung zu ernten. Dies begründet die Aussage, dass es einer charismatischen Führungspersönlichkeit möglich ist, ihren Charakter und ihre Werte auf das Leben, beispielsweise in einer Partei, zu übertragen. So gesehen wirkt die Persönlichkeit des Charismatikers im Rahmen ihrer Vorbildfunktion auf die Geführten und somit auf die Gesellschaft.

Für den politischen Entrepreneur spielt Charisma eine entscheidende Rolle. Charismatiker sind in der Lage, durch ihr dynamisches und energiegeladenes Agieren die Aufmerksamkeit auf sich zu lenken und durch ihre Begeisterung die Massen zu mobilisieren. Darüber hinaus können sie andere von ihrer Idee und ihrer Zielsetzung begeistern und überzeugen. So ist es Charismatikern möglich, sogar einen tiefgreifenden sozialen Wandel zu initiieren.[260]

Jedoch stellt Weber fest, dass die strukturbedingte Oligarchisierung der Parteien durch Berufspolitiker unterbinde, dass charisma-

257 Vgl. Hametner/Schülein/Lueger (2009), S. 199.
258 Vgl. Rode (2004), S. 77–78.
259 Vgl. Rode (2004), S. 79.
260 Vgl. Wagner (2009), S. 116.

tische Führungspersönlichkeiten in ihnen mächtig werden können.[261] Seine Auffassung entspricht der Annahme, dass Charisma in demokratischen Rechtsstaaten eher ein Randphänomen darstellt. Aus diesem Grund ist in den modernen westlichen Demokratien die am häufigsten anzutreffende Form von Charisma das Amtscharisma, das institutionalisiert und veralltäglicht ist. Persönliches oder Ideencharisma sind in der westlichen Demokratie kaum zu finden. Dies ist auf die Tatsache zurückzuführen, dass in Demokratien das Wahlsystem auf Parteien ausgerichtet ist und nicht etwa wie in den USA auf einzelne Persönlichkeiten.[262] Das System in den USA erlaubt Charisma, da die amerikanische Variante der Demokratie mit ihrem besonderen Auswahlsystem politischer Eliten die Wirkung von Charisma begünstigt.[263] Aus diesem Grund wird die Politikerpersönlichkeit Barack Obama als Quelle für eine Analyse von Charisma thematisiert. So ist es möglich, empirische Erkenntnisse zu charismatischen Eigenschaften einer Führungspersönlichkeit aufzuzeigen. Darüber hinaus wirft das Verhalten von Obama bei Widerständen Licht auf mögliche Erfolgsstrategien, die ihn hier befähigen, Widerstände zu überwinden. Zudem zeichnet sich ab, welcher Theoriebezug auf Barack Obama zutreffend ist, was es möglich macht, Charisma zu verifizieren.

4.2 Die Persönlichkeit Barack Obama in „Ein amerikanischer Traum"

In diesem Kapitel wird die Persönlichkeit Barack Obama näher betrachtet, um anschließend anhand der inhaltlichen Botschaft ausgewählter Reden und seiner Biographie „Ein amerikanischer Traum" sein persönliches sowie sein Ideencharisma verdeutlichen zu können. Es werden charismatische Eigenschaften aufgedeckt sowie Strategien einer charismatischen Führungspersönlichkeit aufgezeigt, die dazu befähigen, Widerständen souverän zu begegnen.

261 Vgl. Wiegand (2006), S. 50.
262 Vgl. Bliesemann de Guevara/Reiber (2011), S. 32–33.
263 Vgl. Bliesemann de Guevara/Reiber (2011), S. 63.

Barack Obama wurde 1961 auf Hawaii geboren, als Sohn eines schwarzen Kenianers und einer weißen Amerikanerin. Sein Vater Barack Obama sen. gehörte zu der ersten großen Welle von Afrikanern, die im Westen studieren konnten, um später ein neues Afrika mit aufzubauen. Im Alter von 23 Jahren kam Obama sen. im Jahr 1959 als erster afrikanischer Student an die Universität von Hawaii und lernte dort eine Amerikanerin kennen, die er anschließend heiratete. Barack Obama jun. wurde geboren, und sein Vater verließ die Familie im Jahre 1963, um an der Harvard University sein Promotionsstipendium wahrnehmen zu können. Barack Obama jun. war zu diesem Zeitpunkt zwei Jahre alt und verbrachte einen Teil seiner Kindheit bei seiner weißen Mutter und seinen weißen Großeltern auf Hawaii.[264] Seine Großeltern beschreibt er als angesehene und anständige, gottesfürchtige Baptisten.[265] Er selbst schreibt, dass es vielen Menschen schwerfällt, ihn so zu akzeptieren, wie er ist, als Sohn eines schwarzen Vaters und einer weißen Mutter. Auch ist er der Meinung, die Leute wüssten nicht, wer er ist. Obama meint, sie suchen in seiner Person nach Zeichen und stellen sich insgeheim seine Zerrissenheit vor. Aufgrund seines gemischten Blutes hätten sie ein gespenstisches Bild eines tragischen Mulatten vor Augen, der in zwei Welten gefangen ist.[266] Auch seine Mutter wurde zu Schulzeiten diskriminiert, weil sie mit einem gleichaltrigen schwarzen Mädchen spielte. Daraufhin wurden ihre Eltern vom Schuldirektor ermahnt, dass in der Stadt weiße Mädchen nicht mit Farbigen spielen dürften.[267] Seine Großeltern waren ebenso mit rassistischen Einstellungen gegenüber Barack Obamas Hautfarbe vertraut. Sein Großvater bemerkte oft, wenn Touristen ihn beim Spielen am Strand beobachteten. Er trat daraufhin zu ihnen und erzählte, Barack wäre ein Urenkel König Kamehamehas, des ersten Herrschers von Hawaii. Barack Obama sieht darin eine Strategie, Problemen auszuweichen.[268]

264 Vgl. Obama (2009), S. 23–27.
265 Vgl. Obama (2009), S. 31.
266 Vgl. Obama (2009), S. 15.
267 Vgl. Obama (2009), S. 37.
268 Vgl. Obama (2009), S. 41–42.

Insgesamt verbrachte Barack Obama die ersten sechs Lebensjahre auf Hawaii.[269] Anschließend lebte er eine Zeitlang mit seiner Mutter in Indonesien, wo diese erneut heiratete. Dort lernte er, dass die Welt brutal, grausam und unberechenbar sein kann. Er führte lange Gespräche mit dem neuen Mann an der Seite seiner Mutter, der ihm erklärte, dass man nicht an den Schmerz denken solle, sondern einzig und allein an das Ziel, dass man erreichen möchte. Ebenso wies er ihn darauf hin, dass es sofort von anderen ausgenützt werde, wenn ein Mann schwach sei, und dass der Starke dem Schwachen immer das Land wegnehme. Dies sei genau wie in der Politik.[270] Barack Obama war materiell anspruchslos und wurde von seiner Mutter dazu erzogen, nicht mit Ignoranz und Überheblichkeit aufzutreten. Zu den Werten, die ihm seine Mutter vermittelte, zählten Fairness, Offenheit und selbständiges Denken.[271]

Als Barack Obama zehn Jahre alt war, kehrte er zurück nach Hawaii zu seinen Großeltern, um dort auf die Schule zu gehen. Wegen seiner Hautfarbe galt er als Außenseiter, und er hatte immer das Gefühl, nicht dazuzugehören. In der Schule fragte ihn ein Mitschüler, ob sein Vater Menschen fresse.[272] An der High School lernte er von seinen Kollegen auf dem Sportplatz eine Haltung, die nicht nur mit Sport zu tun hatte. Man solle sich Respekt verschaffen durch das, was man selbst tut, und nicht durch das, was die Eltern sind. Außerdem solle man seine Gefühle nie zeigen, sodass niemand merke, ob man Schmerz oder Angst hat. Auch die Verbundenheit im Team sei wichtig. In diesem Zusammenhang solle man eine Aktion wählen, die niemand erwartet hätte, um somit selbst den Gegnern ein anerkennendes Schmunzeln entlocken zu können. Wegen seiner Hautfarbe machte er Erfahrungen mit Rassismus und Verachtung. Er beschreibt das rassistische Verhalten als eine spezielle Form von Arroganz und Beschränktheit bei ansonsten vernünftigen Menschen. Es erschien ihm damals so, dass Weiße nicht

---

269 Vgl. Obama (2009), S. 44.
270 Vgl. Obama (2009), S. 47–56.
271 Vgl. Obama (2009), S. 63–65.
272 Vgl. Obama (2009), S. 74–76.

wussten, wie brutal sie waren, und dass sie davon überzeugt waren, dass man als Schwarzer ihre Verachtung verdiene.[273] Er sagt: „So wechselte ich hin und her zwischen meiner schwarzen und meiner weißen Welt, lernte, dass jede ihre eigene Sprache hatte, eigene Gepflogenheiten und Begriffe, und war überzeugt, dass diese beiden Welten mit ein wenig übersetzerischer Hilfe meinerseits letztlich zusammenfinden würden."[274]

An der Universität spielte Barack Obama in einem Straßentheater mit, das die Situation von Aktivisten in Südafrika darstellen sollte. Nachdem er ein paar einleitende Worte gesprochen hatte, sollten ihn ein paar weiße Studenten in Uniform vom Podium zerren. Er trat ans Mikrophon und sagte:[275] „Ein Volk kämpft! Dieser Kampf findet auf der anderen Seite des Globus statt. Aber es ist ein Kampf, der jeden von uns angeht. Ob wir es wissen oder nicht. Ob wir es wollen oder nicht. Ein Kampf, der von uns verlangt, Partei zu ergreifen, uns zu entscheiden. Nicht zwischen Schwarz und Weiß. Nicht zwischen Arm und Reich – nein, es ist schwerer. Wir müssen uns entscheiden zwischen Menschenwürde und Sklaverei. Zwischen Recht und Unrecht. Zwischen Engagement und Gleichgültigkeit. Zwischen Gut und Böse."[276] Obwohl Obama die Aufmerksamkeit der Zuhörer gewinnen konnte, war er selbst nicht überzeugt von der Kundgebung und seiner einminütigen Rede. Er meinte, dass diese Aktion nichts bewirke und er nichts zu sagen habe.[277]

Deshalb war er überzeugt, dass dies seine letzte Rede sein würde, und er beschloss, dass es nicht seine Aufgabe sei, für die Schwarzen zu sprechen. Das Predigen wollte er anderen überlassen. Eine Freundin sagte ihm daraufhin, dass er seine Gefühle nicht wahrhaben wolle und dass es nicht nur um ihn gehe und es Menschen gebe, die seine Hilfe benötigen. Ihr schien es nämlich, sie hätte jemanden sprechen hören, der an etwas glaubt. Sein gekränktes Ego, seine Ironie und Spitzfindigkeit würden niemanden inter-

273 Vgl. Obama (2009), S. 94–96.
274 Obama (2009), S. 98.
275 Vgl. Obama (2009), S. 120.
276 Obama (2009), S. 120–121.
277 Vgl. Obama (2009), S. 121–122.

essieren. So erkannte er, dass es ihm in der Vergangenheit wirklich nur um ihn selbst gegangen war, um seine Wünsche und vor allem um seine Angst, nirgends dazuzugehören und immer ein Außenseiter zu bleiben, wenn er sich nicht verstellen und verstecken würde. Unter den vielen Schichten von Verletzungen, bemerkte er die Bereitschaft, auszuhalten, um eine Musik zu machen, die noch nie gehört wurde.[278] Er wünschte sich ein Happy End.[279]

4.2.1 Analyse der Persönlichkeit Barack Obama anhand seiner Rede im Rahmen des White House Correspondents Dinners und sein Umgang mit den Medien und der Öffentlichkeit

Einmal im Jahr wird in Washington zum Correspondents' Dinner geladen, wo Barack Obama über sich und andere witzelt und dabei eine versteckte Wahlempfehlung zu der kommenden Präsidentschaftswahl abgibt. Zu den Gästen zählen Größen aus Politik und Film und eine Menge Journalisten. In der Regel hält zu Beginn ein Schauspieler oder Komiker eine belustigende Rede und bezieht sich dabei auf die US-Politik, den Präsidenten und auf weitere aktuelle Themen. Anschließend hält der Präsident eine Rede, in der er sich auch gerne selbst auf die Schippe nimmt, um Sympathie zu gewinnen.[280] In seiner 20-minütigen Rede im Jahre 2014 teilte Barack Obama kräftig aus. Zum einen äußerte er sich kritisch gegen politische Gegner und die Medien, zum anderen gegen sich selbst.[281] Im Folgenden werden ausgewählte Ausschnitte seiner Rede beim White House Correspondents' Dinner zitiert, die seinen Umgang mit den Medien und der Öffentlichkeit bei gesellschaftlichen Anlässen illustrieren.

---

278 Vgl. Obama (2009), S. 122–126.

279 Vgl. Obama (2009), S. 444.

280 Vgl. http://www.spiegel.de/politik/ausland/obama-beim-white-house-correspondents-dinner-witze-vom-praesidenten-a-967456.html

281 Vgl. http://www.sueddeutsche.de/politik/white-house-correspondents-dinner-derblecken-mit-obama-1.1949522

Das präsidiale Equipment

http://www.npr.org/blogs/thetwo-way/2014/05/04/309425228/obama-throws-some-zingers-at-white-house-correspondents-dinner (letzter Zugriff 09.04.2015)

Rede von Barack Obama während des White House Correspondents' Dinners 2014[282]

THE PRESIDENT: *Thank you so much, everybody. Have a seat, have a seat. Before I get started, can we get the new presidential setup out here?*

(Aides bring out two ferns)

It was worked before. (Laughter and applause) That's more like it.

Zu Beginn seiner Rede bedankt sich Barack Obama sehr herzlich und bittet darum, das präsidiale Equipment aufzubauen. Daraufhin bringen zwei Helfer zwei große Töpfe mit Farnen, die sie zur

282 http://www.whitehouse.gov/the-press-office/2014/05/03/remarks-president-white-house-correspondents-dinner

rechten und linken Seite des Podiums aufstellen. Mit seinem präsidialen Equipment möchte er das Bild vermitteln, im Urwald zu stehen. So spielt er auf seine Hautfarbe an und darauf, was viele Menschen damit verbinden. Auf diese Weise gelingt es ihm, die Menschen darauf aufmerksam zu machen, wie mit Schwarzen in diesem Land umgegangen wird und dass er darum weiß. Er hält ihnen sozusagen einen Spiegel vor. Aus dieser Aktion lässt sich ein großes Einfühlungsvermögen ableiten sowie Humor und Demut. Sich selbst nimmt er dabei nicht so wichtig. Sein primärer Fokus ist darauf gerichtet, bei den Zuschauern eine Haltungsänderung zu bewirken. Hierbei lässt sich Charisma anhand spezifischer Charakterzüge erkennen. Indem er das Publikum konfrontiert, überwindet er den Widerstand und benützt die einstige Demütigung als Vorlage dafür, Charisma zu erlangen. Er spielt in gewisser Weise das Spiel mit und nimmt sich dabei selbst auf die Schippe. So verlieren die Zuschauer den Spaß an der Demütigung, da sie merken, dass sie ihn damit nicht provozieren können. Demut und Humor sind die Schlüsselkriterien zur authentischen Umsetzung seiner Strategie.

Was den inszenierten und den echten Charismatiker bei dieser Strategie unterscheidet, ist ihre unterschiedliche Zielsetzung, die sich auch in ihrer Persönlichkeit widerspiegelt. Der inszenierte Charismatiker ist von der Anerkennung abhängig, während der echte Charismatiker aufgrund seiner Demut unabhängig von einer solchen Anerkennung agieren kann. Dies schenkt ihm Freiheit im Denken und Handeln. Aus diesem Grund findet die theologische Perspektive auf Charisma bei Barack Obama Anwendung, insofern er es vermag, die Wechselwirkung zwischen Charisma und Widerstand mit Erfolg zu meistern und Abwertungen in eine Auserwählung umzukehren. Auf diese Weise akzentuiert er sein Charisma.

Of course, we rolled out healthcare.gov. That could have gone better. (Laughter) In 2008 my slogan was, "Yes We Can." In 2013 my slogan was, "Control-Alt-Delete." (Laughter)

Über den misslungenen Start der Krankenversicherungsseite healthcare.gov sagte er: „2008 war mein Motto ‚Ja wir schaffen das'. 2013 war mein Motto ‚Steuerung-Alt-Entfernen'." In diesem Beispiel lässt er sich seinen Ärger über die Niederlage nicht anmerken. Im Gegenteil, er pointiert seine Niederlage, indem er dazu steht und eingesteht, dass er sein vielversprechendes Motto von 2008 im Jahre 2013 nicht verwirklichen konnte. Zugleich präsentiert er einen neuen Slogan. Hierbei wendet er eine Strategie an, Problemen auszuweichen, so wie er es von seinem Großvater gelernt hat.

I want to thank the White House Correspondents' Association for hosting us here tonight. I am happy to be here, even though I am a little jet-lagged from my trip to Malaysia. The lengths we have to go to get CNN coverage these days. (Laughter and applause) I think they're still searching for their table. (Laughter and applause)

MSNBC is here. They're a little overwhelmed. (Laughter) They've never seen an audience this big before. (Laughter)

Er führt an, dass er sich freue, Gast des White House Correspondents' Dinners zu sein, obwohl er einen Jetlag habe, nachdem er kürzlich aus Malaysia zurückgekehrt sei. Solche Reisen seien notwendig, damit CNN die Sendezeit abdecken könne. Außerdem erwähnt er, dass die Mitarbeiter von CNN wohl noch damit beschäftigt seien, ihren Tisch zu finden. Über die Mitarbeiter von MSNBC sagt er, sie seien bestimmt ein bisschen beeindruckt, weil sie noch nie ein so großes Publikum gesehen hätten. Mit seinen Äußerungen macht er sich über die beiden Fernsehsender lustig und versucht sich damit Respekt zu verschaffen. Daneben übermittelt er die Botschaft, dass er den Schlagzeilen, die über ihn berichtet werden, keine große Bedeutung beimisst.

Sometimes I do feel disrespected by you reporters. But that's okay. Seattle Seahawk cornerback Richard Sherman is here tonight. (Applause) And he gave me some great tips on how to handle it. Jake Tapper, don't you ever talk about me like that! (Laughter) I'm the best President in the game! (Laughter)

What do you think, Richard? Was that good? A little more feeling next time?

Obama weist darauf hin, dass er sich von den Reportern manchmal respektlos behandelt fühlt. Das sei o. k. und ihm sei bereits mitgeteilt worden, mit welchen Mitteln er dies unterbinden könne. Weiter sagt er: „Jake Tapper, sprich nie wieder so mit mir.

Ich bin der beste Präsident in diesem Spiel! War das Gut? Soll ich das nächste Mal ein bisschen mehr Gefühl reinbringen?“ Mit diesen Sätzen offenbart er, wie er mit respektlosen Reportern umgeht. Er konfrontiert die beteiligten Personen direkt, indem er ihre Identität preisgibt.

In diesem Fall erwähnt er Jake Tapper, einen amerikanischen CNN-Reporter und leitenden Journalisten aus Washington.[283] Aber er nimmt es mit Humor und Gelassenheit und spricht mit den Reportern, als ob er mit einem Bruder oder einer Schwester reden würde, mit dem/der er gerade gestritten hat. Dabei wirkt er sympathisch und nahbar. Von seiner Mutter hat er gelernt, nicht mit Überheblichkeit aufzutreten. Seine wahren Gefühle und seinen Schmerz über die Respektlosigkeit lässt er sich nicht anmerken.

Speaking of Rand Paul -- (laughter) -- Colorado legalized marijuana this year, an interesting social experiment. I do hope it doesn't lead to a whole lot of paranoid people who think that the federal government is out to get them and listening to their phone calls. (Laughter) That would be a problem. (Laughter)

In diesem Beispiel bezieht sich Obama auf die NSA-Affäre, indem er anführt, dass in Colorado Marihuana freigegeben wurde. Er hoffe, dass dies nicht dazu führt, dass Leute paranoid werden und denken, dass die Regierung sie schnappen und ihre Telefonate abhören werden. So versucht er die NSA-Affäre ins Lächerliche zu ziehen. In seinem Appell ist eine unterschwellige Botschaft enthalten, nämlich, dass die Menschen ihre Angst verlieren sollen, sie könnten aufgrund eines Telefonats verhaftet werden. Auf diese Art und Weise versucht er, die NSA-Affäre und seine Auswirkungen herunterzuspielen. Darüber hinaus will er dem Verdacht entgegenwirken, jeder würde abgehört werden.

Anyway, this year, I've promised to use more executive actions to get things done without Congress. My critics call this the "imperial presidency." The truth is, I just show up every day in my office and do my job. I've got a picture of this I think.

283 Vgl. http://edition.cnn.com/profiles/jake-tapper-profile

Die imperiale Präsidentschaft

http://www.google.de/imgres?imgurl=http%3A%2F%2Ffiles.abovetopsecret.com%2Ffiles%2Fimg%2Fgv 536a8521.jpg&imgrefurl=http%3A%2F%2Fwww.abovetopsecret.com%2Fforum%2Fthread1011602%2Fpg1&h=450&w=600&tbnid=ZloQsR8kljv-8M%3A&zoom=1&docid=rXrbCyx5QsoZwM&ei=OAPyU7vCKueo4gSo1IC4AQ&tbm=isch&iact=rc&uact=3&dur=1222&page=1&start=0&ndsp=16&ved=0CCYQrQMwAg *(letzter Zugriff 09.04.2015)*

Da Obama dieses Jahr versprochen hatte, mehr exekutive Maßnahmen ohne den Kongress zu unternehmen, bezeichneten seine Kritiker dies als „imperiale Präsidentschaft". Mit dem Foto beabsichtigt er seine Kritiker zu besänftigen, indem er genau das tut, was ihm unterstellt wurde. Auf die Schlagzeile „imperiale Präsidentschaft" kontert er mit einem Bild, das ihn auf einem Thron zeigt. Dies soll seine „imperiale Herrschaft" auf humorvolle Art und Weise untermalen. Hierbei wendet er eine Strategie an, auf die er in seinem Buch aufmerksam machte. Von seinen Sportskollegen an der High School lernte er, dass es wichtig ist, eine Aktion zu wählen, die niemand erwartet hätte, um somit selbst den Gegnern ein anerkennendes Schmunzeln zu entlocken.

Thank you very much, everybody. God bless you. And God bless America.

Am Ende seiner Rede bedankt er sich und schließt mit den Worten „Gott segne euch und Gott segne Amerika".

4.2.2 Analyse der Persönlichkeit Barack Obama anhand seiner Rede im Rahmen der Kongresswahlen 2014 und sein Umgang mit den Medien und der Öffentlichkeit

Anlässlich der Niederlage der Demokraten bei den Kongresswahlen stellte sich Obama am 5. November 2014 den Medien und der Öffentlichkeit. In seiner Rede machte er deutlich, dass er auf eine Kooperation mit den Republikanern hoffe, und gestand seine Niederlage bei den Kongresswahlen ein: „Die Republikaner hatten offensichtlich einen guten Abend." Der Stimmenverlust der Demokraten bei den Kongresswahlen war bezeichnend. Einige US-Fernsehsender berichteten über den Gewinn der Republikaner von mindestens 52 von 100 Sitzen im Senat. Im Abgeordnetenhaus konnten die Republikaner Zugewinne von einst 233 auf 245 der insgesamt 435 Sitze verzeichnen. Aufgrund dieser Niederlage ist Barack Obama dazu gezwungen, gegen enorme Widerstände der Opposition zu regieren.[284] Seine erste öffentliche Reaktion wird nachfolgend in Ausschnitten näher betrachtet, um seinen Umgang mit den Medien und der Öffentlichkeit bei politischen Anlässen weiter zu veranschaulichen.

284 Vgl. http://www.spiegel.de/politik/ausland/barack-obama-nach-niederlage-bei-midterms-hofft-er-auf-zusammenarbeit-a-1001291.html

Ansprache des Präsidenten Barack Obama in der Pressekonferenz im „East Room" des Weißen Hauses am 5. November 2015[285]

THE PRESIDENT: *Good afternoon, everybody. Have a seat.*

Today, I had a chance to speak with John Boehner and congratulated Mitch McConnell on becoming the next Senate Majority Leader. And I told them both that I look forward to finishing up this Congress' business, and then working together for the next two years to advance America's business. And I very much appreciated Leader McConnell's words last night about the prospect of working together to deliver for the American people. On Friday, I look forward to hosting the entire Republican and Democratic leadership at the White House to chart a new course forward.

Als Erstes gratuliert Barack Obama seinem Gegner Mitch McConnell zur Mehrheitsführung im Senat. Er sagt, er habe mit John Boehner und Mitch McConnell darüber gesprochen, dass er sich auf die Vollendung der Kongress-Geschäfte freue und auch darauf, gemeinsam für die nächsten zwei Jahre Amerikas Sache voranzubringen. Darüber hinaus erwähnt er, dass er die Worte des Mehrheitsführers im Senat McConnell sehr schätze, die dieser letzte Nacht über die Aussicht, zusammenzuarbeiten, zum Ausdruck brachte, um dem amerikanischen Volk gegenüber zu halten, was man versprochen hat. Auch freue sich Obama auf Freitag, wenn er die gesamte republikanische und demokratische Führung im Weißen Haus zu Gast haben werde, um einen neuen Weg nach vorne aufzuzeigen. Indem er erwähnt, dass er sich auf die Zusammenarbeit freut, und seinen Gegnern zum Sieg gratuliert, offenbart er seine charismatische Eigenschaft, trotz einer Niederlage Haltung zu bewahren und stets das Ziel einer friedlichen Zusammenarbeit zwischen Demokraten und Republikanern zu verfolgen.

Obviously, Republicans had a good night, and they deserve credit for running good campaigns. Beyond that, I'll leave it to all of you and the professional pundits to pick through yesterday's results. What stands out to me, though, is that the American people sent a message, one that they've sent for several elections now. They expect the people they elect to work as hard

285 http://www.whitehouse.gov/the-press-office/2014/11/05/remarks-president-press-conference

as they do. They expect us to focus on their ambitions and not ours. They want us to get the job done.

Barack Obama lässt sich seinen Ärger über die Niederlage nicht anmerken, indem er sagt: „Offensichtlich hatten die Republikaner eine gute Nacht, und sie verdienen Anerkennung dafür, gute Kampagnen geführt zu haben." Auf die Ergebnisse der Wahlen geht er nicht näher ein und überlässt es dem Publikum und den professionellen Experten, die Ergebnisse vom Vortag zu analysieren. Was er allerdings betont, ist, dass die amerikanische Bevölkerung eine Botschaft gesendet hat, eine Botschaft, die sie nunmehr schon seit mehreren Wahlen zum Ausdruck gebracht hat. Er führt an, dass die Amerikaner von den Menschen, die sie gewählt haben, erwarten, genauso hart zu arbeiten, wie sie selbst, und dass sie von den Politikern erwarten, sich auf die Ambitionen der amerikanischen Bevölkerung zu konzentrieren, und nicht auf ihre eigenen. Mit seiner Analyse der Gefühlslage der Bürgerinnen und Bürger offenbart er sein Einfühlungsvermögen, das ihn davon abhält, sie für ihre Wahlentscheidung zu verurteilen, sondern anders als erwartet Verständnis dafür zeigen lässt.

All of us, in both parties, have a responsibility to address that sentiment. Still, as President, I have a unique responsibility to try and make this town work. So, to everyone who voted, I want you to know that I hear you. To the two-thirds of voters who chose not to participate in the process yesterday, I hear you, too. All of us have to give more Americans a reason to feel like the ground is stable beneath their feet, that the future is secure, that there's a path for young people to succeed, and that folks here in Washington are concerned about them. So I plan on spending every moment of the next two-plus years doing my job the best I can to keep this country safe and to make sure that more Americans share in its prosperity.

Er macht darauf aufmerksam, dass beide Parteien die Verantwortung tragen, die Gefühle der Bevölkerung anzusprechen, und bekennt sich als Präsident zu seiner besonderen Verantwortung. In seiner Rede spricht er die Amerikaner gezielt mit den Worten an: „Also, an alle, die gewählt haben: Ich will, dass ihr wisst, dass ich euch höre. An die zwei Drittel der Wähler, die sich gestern dazu entschlossen haben, nicht an dem Wahlvorgang teilzunehmen, auch euch höre ich." Somit involviert er die gesamte Bevölkerung und zeigt Verständnis für ihre Gefühle und Anliegen. Zudem fordert er beide Parteien dazu auf, den Amerikanern einen Grund zu liefern, sich sicher zu fühlen, ihre Zukunft als sicher zu betrachten, sowie jungen Menschen zu zeigen, dass es einen Weg gibt, erfolgreich zu sein, und dass die Menschen in Washington um sie besorgt sind. Obama selbst gibt an, jeden Moment der nächsten zwei Jahre damit verbringen zu wollen, seinen Job so gut zu machen, wie er kann, um dieses Land sicher zu halten und um sicherzugehen, dass mehr Amerikaner am Wohlstand Anteil haben können. Auf diese Weise möchte er das verlorengegangene Vertrauen der Bürgerinnen und Bürgern zurückgewinnen.

This country has made real progress since the crisis six years ago. The fact is more Americans are working; unemployment has come down. More Americans have health insurance. Manufacturing has grown. Our deficits have shrunk. Our dependence on foreign oil is down, as are gas prices. Our graduation rates are up. Our businesses aren't just creating jobs at the fastest pace since the 1990s, our economy is outpacing most of the world. But we've just got to keep at it until every American feels the gains of a growing economy where it matters most, and that's in their own lives.

Außerdem verweist er auf die Tatsache, dass Amerika seit der Krise vor sechs Jahren echte Fortschritte gemacht habe. Dies zeige sich daran, dass mehr Amerikaner arbeiten, die Arbeitslosigkeit gesunken ist, mehr Amerikaner eine Krankenversicherung besitzen, die Produktion gestiegen ist und Defizite geschrumpft sind. Amerikas Abhängigkeit von ausländischem Öl sei zudem zurückgegangen und die Gaspreise seien gesunken. Die Abschlussquoten seien gestiegen, Unternehmen würden nicht nur im schnellsten Tempo seit den 1990er Jahren Arbeitsplätze schaffen, die US-Wirtschaft habe sogar fast die ganze Welt hinter sich gelassen. Er betont sein Anliegen, weiterzumachen, bis jeder Amerikaner den Gewinn der wachsenden Wirtschaft spüre, wo es ihn am meisten betrifft, und zwar in seinem eigenen Leben. Tatsachen dienen in der politischen Führung als das wichtigste Überzeugungsargument. Damit versucht er den Amerikanern in Erinnerung zu rufen, was sich durch seine Präsidentschaft wirklich zum Positiven verändert hat.

Obviously, much of that will take action from Congress. And I'm eager to work with the new Congress to make the next two years as productive as possible. I'm committed to making sure that I measure ideas not by whether they are from Democrats or Republicans, but whether they work for the American people. And that's not to say that we won't disagree over some issues that we're passionate about. We will. Congress will pass some bills I cannot sign. I'm pretty sure I'll take some actions that some in Congress will not like. That's natural. That's how our democracy works. But we can surely find ways to work together on issues where there's broad agreement among the American people.

Weiter bezieht er sich auf die Kongressarbeit und gibt an, dass er auf die Zusammenarbeit mit dem neuen Kongress gespannt sei und hoffe, die nächsten zwei Jahre so produktiv wie möglich gestalten zu können. Um die Bedenken der Bevölkerung hinsichtlich der Zusammenarbeit zwischen Demokraten und Republikanern anzusprechen, gibt er zu verstehen, dass er entschlossen ist, dafür zu sorgen, dass Ideen nicht daran gemessen werden, ob sie von Demokraten oder Republikanern stammen, sondern daran, ob sie für das amerikanische Volk geeignet sind. Dies bedeute nicht, dass sie nicht über ein paar ihrer leidenschaftlich gehegten Inhalte unterschiedlicher Meinung sein werden. Der Kongress werde vielmehr einige Gesetze verabschieden, die er nicht unterzeichnen werde, und er werde ein paar Maßnahmen ergreifen, die einigen im Kongress nicht gefallen werden. Aber er macht auch deutlich, dass dies Normalität sei und die Demokratie eben auf diese Weise funktioniere. Sein Anliegen ist es, Wege zu finden, um an Fragen, in denen es breite Zustimmung unter den Amerikanern gibt, zusammenzuarbeiten.

So I look forward to Republicans putting forward their governing agenda. I will offer my ideas on areas where I think we can move together to respond to people's economic needs.

Er versichert, dass er sich auf die Regierungsagenda der Republikaner freue. Auch werde er seine Ideen zu Bereichen äußern, in denen beide Parteien vermutlich zusammenfinden werden, um auf die wirtschaftlichen Bedürfnisse der Menschen reagieren zu können. In diesem Zusammenhang betont er die Gemeinsamkeiten und nicht die Unterschiede beider Parteien. Auf dieser Basis kann eine friedliche Zusammenarbeit funktionieren. Obama weiß um die Notwendigkeit von Teamarbeit, um im politischen Geschäft handlungsfähig sein zu können. Aus diesem Grund zählt er es zu seinen Hauptanliegen, die Republikaner für sich zu gewinnen.

So, just take one example. We all agree on the need to create more jobs that pay well. Traditionally, both parties have been for creating jobs rebuilding our infrastructure -- our roads, bridges, ports, waterways. I think we can hone in on a way to pay for it through tax reform that closes loopholes and makes it more attractive for companies to create jobs here in the United States.

Mit einem anschließenden Beispiel will er dieses Anliegen unterstreichen, indem er sich auf gemeinsame Interessen stützt, zum Beispiel auf die Notwendigkeit, mehr gutbezahlte Arbeitsplätze zu schaffen und die Infrastruktur auszubauen – Straßen, Brücken, Häfen und Wasserstraßen. Zugleich unterbreitet er seine Idee, dieses Vorhaben durch Steuerreformen zu finanzieren, um Schlupflöcher zu schließen und es somit für Unternehmen attraktiver zu machen, Arbeitsplätze in den Vereinigten Staaten zu schaffen.

We can also work together to grow our exports and open new markets for our manufacturers to sell more American-made goods to the rest of the world. That's something I'll be focused on when I travel to Asia next week.

Er schlägt vor, zusammenarbeiten, um die Exporte zu steigern und neue Märkte für Hersteller zu erschließen, um somit mehr in Amerika produzierte Waren an den Rest der Welt verkaufen zu können.

We all share the same aspirations for our young people. And I was encouraged that this year Republicans agreed to investments that expanded early childhood education. I think we've got a chance to do more on that front. We've got some common ideas to help more young people afford college and graduate without crippling debt so that they have the freedom to fill the good jobs of tomorrow and buy their first homes and start a family.

Daneben erwähnt er, dass beide Parteien die gleichen Hoffnungen für ihre Jugendlichen einen, da die Republikaner in diesem Jahr bereits zustimmten, Investitionen für die frühkindliche Bildung auszubauen. Hier sieht er die Möglichkeit, noch mehr zu unternehmen. Es gebe gemeinsame Ideen dafür, mehr jungen Menschen zu helfen, sich den Hochschulabschluss leisten zu können, ohne lähmende Schulden. Somit hätten diese die Freiheit, die guten Arbeitsplätze von morgen zu besetzen, ihre ersten Häuser zu kaufen und eine Familie zu gründen.

So those are some areas where I think we've got some real opportunities to cooperate. And I am very eager to hear Republican ideas for what they think we can do together over the next couple of years. Of course, there's still business on the docket that needs attention this year. And here are three places where I think we can work together over the next several weeks, before this Congress wraps up for the holidays.

Anhand dieser Beispiele will er verdeutlichen, dass eine reelle Möglichkeit zur Kooperation gegeben ist. Daneben sei er sehr gespannt darauf, die Ideen der Republikaner dazu zu hören, in welchen Bereichen man in den nächsten Jahren zusammenarbeiten könnte. Er erwähnt, dass es natürlich immer noch Aufgaben gibt, denen in diesem Jahr Aufmerksamkeit gewidmet werden muss, und präsentiert sogleich drei konkrete Bereiche, in denen er in den nächsten Wochen mit dem Kongress zusammenarbeiten möchte. Indem er diese Handlungsempfehlung abgibt, demonstriert er seine Macht, trotz der Niederlage die Agenda vorzugeben.

First, I'm submitting a request to Congress for funding to ensure that our doctors, scientists, and troops have the resources that they need to combat the spread of Ebola in Africa and to increase our preparedness for any future cases here at home.

Als Erstes werde er einen Antrag an den Kongress stellen, die Finanzierung von Ärzten, Wissenschaftlern und Truppen zu gewährleisten, damit diese über die Ressourcen verfügen, die Verbreitung von Ebola in Afrika zu bekämpfen, und um auf zukünftige Fälle in Amerika besser vorbereitet zu sein.

Second, I'm going to begin engaging Congress over a new Authorization to Use Military Force against ISIL. The world needs to know we are united behind this effort, and the men and women of our military deserve our clear and unified support.

Zweitens werde er den Kongress einschalten, um eine neue Ermächtigung für militärische Gewalt gegen ISIL zu erhalten. Die Welt müsse wissen, dass die USA geschlossen hinter diesen Bemühungen stehen, und die Männer und Frauen des Militärs verdienten die klare und geschlossene Unterstützung durch die Politik.

Third, back in September, Congress passed short-term legislation to keep the government open and operating into December. That gives Congress five weeks to pass a budget for the rest of the fiscal year. And I hope that they'll do it in the same bipartisan, drama-free way that they did earlier this year. When our companies are steadily creating jobs -- which they are -- we don't want to inject any new uncertainty into the world economy and to the American economy.

Drittens erinnert er daran, dass der Kongress im September eine kurzfristige Gesetzgebung verabschiedete, um die Regierung bis Dezember handlungsfähig zu erhalten. Dies gebe dem Kongress fünf Wochen, um einen Haushaltsplan für den Rest des Geschäftsjahres vorzulegen. Er hoffe, dass dies auf die gleiche parteiübergreifende, undramatische Weise getan werde, wie es zu Beginn des Jahres geschehen sei. Es solle verhindert werden, Unsicherheit in der Weltwirtschaft und der amerikanischen Wirtschaft zu schüren. Neben den drei Maßnahmen, die er für die Zusammenarbeit als Priorität beschreibt, bezieht er sich in diesem Beispiel auf die Art und Weise, wie diese Pläne bewältigt werden können, nämlich ohne großes Drama. Damit vermittelt er seine Vertrautheit mit und seine Kenntnis vom politischen Prozess, was der amerikanischen Bevölkerung wiederum ein Gefühl von Sicherheit vermitteln soll.

The point is it's time for us to take care of business. There are things this country has to do that can't wait another two years or another four years. There are plans this country has to put in place for our future.

Er stellt klar, dass es Zeit sei, sich um die Geschäfte zu kümmern. Es gebe Dinge, die dieses Land zu erledigen habe, die keine zwei oder weitere vier Jahre warten können. Es gebe Pläne, die die USA für die Zukunft umsetzen müssen. Dabei offenbart er seinen unbedingten Willen, etwas voranzutreiben. Angesichts der möglichen Gefahr einer Blockade von Seiten der Opposition will Obama damit verhindern, dass Entscheidungen ins Stocken geraten, und warnt somit unterschwellig vor einem Stillstand der US-Politik.

And the truth is I'm optimistic about our future. I have good reason to be. I meet Americans all across the country who are determined, and big-hear-

ted, and ask what they can do, and never give up, and overcome obstacles. And they inspire me every single day. So the fact is I still believe in what I said when I was first elected six years ago last night. For all the maps plastered across our TV screens today, and for all the cynics who say otherwise, I continue to believe we are simply more than just a collection of red and blue states. We are the United States.

Obama zeigt sich optimistisch, was die Zukunft der Vereinigten Staaten betrifft, und betont dabei, dass er dafür gute Gründe habe. Er lobt die Entschlossenheit und das große Herz der Amerikaner. Daneben erwähnt er, dass die Amerikaner sogar danach fragen, was sie tun können, dass sie niemals aufgeben und fähig sind, Hindernisse zu überwinden. Sie seien ihm eine Inspiration. Indem er der amerikanischen Bevölkerung seinen Dank ausspricht, versucht er auch ihre Gefühle anzusprechen. Obama versichert, dass er immer noch an das glaube, was er vor sechs Jahren am Vorabend des Tages, als er zum ersten Mal gewählt wurde, sagte, und führt an: „Nach all den Karten, die über unsere Fernsehbildschirme ausgestrahlt werden, und all den Zynikern, die etwas anderes sagen, glaube ich immer noch daran, dass wir einfach mehr sind als nur eine Sammlung von roten und blauen Staaten. Wir sind die Vereinigten Staaten.“ Damit offenbart er, dass er Amerika für einzigartig hält. Auf diese Weise vermittelt er den Amerikanern das Gefühl, etwas Besonderes zu sein, und erinnert zudem an seine erste Wahl zum Präsidenten. So will er die Amerikaner dazu verleiten, sich ebenso wie er an die Zeiten zurückzuerinnern, in denen die Mehrheit der Bevölkerung noch hinter ihm stand. Dieses Gefühl soll wieder in ihnen geweckt werden. Aus diesem Grund macht er die exakte Zeitangabe „letzte Nacht vor sechs Jahren“.

And whether it's immigration or climate change, or making sure our kids are going to the best possible schools, to making sure that our communities are creating jobs; whether it's stopping the spread of terror and disease, to opening up doors of opportunity to everybody who's willing to work hard and take responsibility -- the United States has big things to do. We can and we will make progress if we do it together. And I look forward to the work ahead.

Er ist davon überzeugt, dass die Vereinigten Staaten Großes zu leisten haben und in der Lage sind, Fortschritte zu machen, wenn es ihnen gelingt, zusammenzuarbeiten. Es sei wichtig, für jeden, der gewillt ist, hart zu arbeiten und Verantwortung zu übernehmen, Möglichkeiten zu schaffen, egal, ob es um die Einwanderung oder um den Klimawandel geht, oder darum, sicherzustellen, dass die Kinder auf die bestmöglichen Schulen gehen, dass die Gesellschaft Arbeitsplätze schafft, oder wenn es darum geht, die Verbreitung von Terror und Krankheiten zu stoppen. Hierbei betont er nochmals die Notwendigkeit, zusammenzuarbeiten, um erfolgreich sein zu können. Er fügt hinzu, dass er sich auf die Arbeit, die vor ihnen liegt, freue.

Anschließend stellte sich Barack Obama den Fragen der Journalisten.

Julie Pace: *But is there anything specific that you feel like you and your administration need to change given this disastrous election for your party and the message that voters sent?*

THE PRESIDENT: *And I maybe have a naïve confidence that if we continue to focus on the American people, and not on our own ambitions or image or various concerns like that, that at the end of the day, when I look back, I'm going to be able to say the American people are better off than they were before I was President. And that's my most important goal.*

Obama wird gefragt, ob es etwas Bestimmtes gibt, das er und seine Regierung verändern müssen angesichts des katastrophalen Wahlergebnisses für seine Partei und der Botschaft, die die Wähler gesendet haben. Der Präsident erwidert, dass es wichtig sei, sich auf das amerikanische Volk zu konzentrieren und nicht auf eigene Ambitionen oder das eigene Image, damit er zurückblickend letzten Endes sagen könne, dass die Amerikaner nun besser dran sind als zu der Zeit, als er noch nicht Präsident war. Dies sei sein größtes Ziel. Seine Worte erinnern an den Ratschlag seiner damaligen Kommilitonin, die sagte: „Es geht nicht nur um dich. Es geht um die Leute, die deine Hilfe brauchen […] dein gekränktes Ego interessiert sie nicht.“[286]

286 Obama, B. (2009), S. 123.

Jeff Mason: *How will you make sure that that executive action has teeth if Republicans try to block it by blocking funding? And can you give us a sense of whether or not you're thinking about?*

THE PRESIDENT: *Jeff, I think if you want to get into the details of it, I suspect that when I announce that executive action, it will be rife with detail. (Laughter.) And I'm sure there will be a lot of follow-up questions.*

Jeff Mason stellt die Frage, wie er sicherstellen möchte, dass sich die Maßnahmen der Exekutive durchsetzen, wenn die Republikaner versuchen sie zu verhindern, indem sie die Finanzierung blockieren. Barack Obama weicht dieser Frage gezielt aus und führt an: „Wenn sie das im Detail wissen wollen, vermute ich, dass, wenn ich die exekutive Maßnahme bekannt geben werde, es genügend Details geben wird. (Gelächter) Und ich bin mir sicher, dass es viele nachfolgende Fragen geben wird."

Jonathan Karl: *Are you going to have that drink with Mitch McConnell now that you joked about at the White House Correspondents' Dinner?*

THE PRESIDENT: *You know, actually, I would enjoy having some Kentucky bourbon with Mitch McConnell. (Laughter.) I don't know what his preferred drink is, but -- my interactions with Mitch McConnell, he has always been very straightforward with me. To his credit, he has never made a promise that he couldn't deliver. And he knows the legislative process well. He obviously knows his caucus well -- he has always given me, I think, realistic assessments of what he can get through his caucus and what he can't. And so I think we can have a productive relationship.*

Auf Jonathan Karls Frage, ob er nun mit Mitch McConnell, dem Mehrheitsführer im Senat, einen Drink nehmen werde, so wie er beim White House Correspondents' Dinner gescherzt hatte, erwidert Barack Obama, dass er eigentlich gerne etwas Kentucky Bourbon mit Mitch McConnell trinken würde. (Gelächter) Jedoch wisse er nicht, welches dessen Lieblingsgetränk sei. Was seine Unterhaltungen mit Mitch McConnell betreffe, führt Obama fort, sei dieser immer sehr aufrichtig zu ihm gewesen. Daneben betont er, was Mitch McConnell auszeichne: dass dieser nie ein Versprechen gemacht habe, das er nicht halten konnte, dass er den Gesetzgebungsprozess und offensichtlich auch seine Fraktion gut kenne. Zudem habe er Obama immer realistische Einschätzungen darüber gegeben, was er durch seine Partei bewegen kann und was nicht.

Deshalb glaube er, dass sie eine produktive Beziehung haben können. Entgegen der Erwartung lobt Barack Obama seinen Gegner und erwähnt ausschließlich positive Merkmale, die Mitch McConnells Persönlichkeit kennzeichnen. Damit will er eine Grundlage für eine gute Zusammenarbeit mit der Opposition schaffen.

Jim Acosta: *Thank you, Mr. President. I know you don't want to read the tea leaves, but it is a fact that your party rejected you in these midterms. By and large, they did not want you out on the campaign trail in these key battleground states. How do you account for that? And your aides have said that this is the fourth quarter of your administration, but I don't know if you saw the morning talk shows, but there were several potential candidates for 2016 who are out there already. Is the clock ticking? Are you running out of time? How much time do you have left? And what do you make of the notion that you're now a lame duck?*

THE PRESIDENT: *Well, traditionally, after the last midterm of the two-term presidency, since I can't run again, that's the label that you guys apply.*

Here's what I tell my team -- I told them this last week and I told them this this morning -- we had this incredible privilege of being in charge of the most important organization on Earth, the U.S. government and our military, and everything that we do for good around the world.

And there's a lot of work to be done to make government work better, to make Americans safer, to make opportunity available to more people, for us to be able to have a positive influence in every corner of the globe -- the way we're doing right now in West Africa. And I'm going to squeeze every last little bit of opportunity to help make this world a better place over these last two years.

And some of that is going to be what we can do administratively, and simple things like how do we make customer service better in every agency. Are there things we can do to streamline how our veterans access care? Are there better ways that we can make businesses understand the programs that are available to them to promote their business or exports?

So there's a whole bunch of stuff to do on that front. And as I said before, there's going to be opportunities to work with Democrats and Republicans on Capitol Hill to get laws done. And if you look at the history of almost every President, those last two years, all kinds of stuff happens; in some cases, stuff that we couldn't predict.

So the one thing I'm pretty confident about, Jim, is I'm going to be busy for the next two years. And the one thing that I want the American people to be confident about is that every day I'm going to be filling up my time trying to figure out how I can make their lives better. And if I'm doing that, at the end of my presidency, I'll say, we played that fourth quarter well. And we played the game well.

And the only difference between I guess basketball and politics is that the only score that matters is how did somebody else do, not how you did. And that's the score I'm keeping. Am I going to be able to look back and say, are more people working? Are there bank accounts better? Are more kids going to college? Has housing improved? Is the financial system more stable? Are younger kids getting a better education? Do we have greater energy independence? Is the environment cleaner? Have we done something about climate change? Have we dealt with an ongoing terrorist threat and helped to bring about stability around the world? And those things -- every single day I've got an opportunity to make a difference on those fronts, which is --

Jim Acosta stellt die wohl provokantesten Fragen des Abends. Er stellt fest, dass Obama von seiner Partei in den Halbzeitwahlen abgelehnt wurde. In den hart umkämpften Schlüsselstaaten habe man ihn im Großen und Ganzen nicht auf Wahlkampftour schicken wollen. Zudem fragt Acosta nach, ob Obamas Uhr bereits ticke und ob er glaube, dass ihm die Zeit davonläuft. Er stellt die Frage, wie viel Zeit Obama noch habe, angesichts der anderen potentiellen Kandidaten für 2016. Weiter will er in Erfahrung bringen, was Obama von der Bemerkung hält, er sei jetzt eine lahme Ente.

Mit dem Begriff „lahme Ente" (Lame Duck) bezeichnet man im politischen System der Vereinigten Staaten den Präsidenten oder andere Politiker, die noch ein Amt bekleiden, aber nicht zu einer Wiederwahl antreten beziehungsweise eine Wahl verloren haben. Der Begriff will plastisch vor Augen führen, dass der Betroffene innenpolitisch weitgehend handlungsunfähig ist.[287] Damit konfrontiert, räumt der Präsident ein, dass man ihm nach den Halbzeitwahlen der zweiten Präsidentschaft eben dieses Etikett anhefte, weil er nicht noch einmal als Präsident kandidieren könne. Auf diese Weise gelingt es ihm, seine wahren Gefühle zu überspielen, da er aus Erfahrung weiß, dass andere es sofort ausnützen würden, wenn er Schwäche zeigen und auf Provokationen eingehen würde. Weiter beschreibt er, was er im Hinblick darauf zu seinem Team sage, nämlich, dass sie das große Privileg hätten, für die wichtigste Orga-

287 Vgl. http://www.wirtschaft.com/tag/lame-duck/

nisation der Welt verantwortlich zu sein, für die US-Regierung und das US-Militär und für alles, was die USA auf der Welt Gutes tun.

Obama betont, dass eine Menge Arbeit vor ihnen liege, um die Regierungsarbeit zu verbessern, um Amerika sicherer zu machen, um für mehr Menschen Möglichkeiten zu schaffen und auch um einen positiven Einfluss auf jede Ecke der Welt zu haben, etwa in der Art, wie die USA gerade in West Afrika intervenieren. Er versichert, dass er jede kleine Gelegenheit nutzen werde, um die Welt in den nächsten beiden Jahre besser zu machen.

Daneben weist er darauf hin, dass einiges davon administrativ erledigt werden könne. Dies seien einfache Dinge, wie zum Beispiel den Kundendienst in den Behörden zu verbessern, den Zugriff auf Pflege für Veteranen zu optimieren oder den Unternehmen die vorhandenen Programme zur Förderung ihrer Geschäfte und Exporte besser zu erläutern.

Er betont noch einmal, dass es Möglichkeiten gebe, mit Demokraten und Republikanern auf dem Capitol Hill zusammenzuarbeiten, um Gesetze auf den Weg zu bringen. Weiter versichert er den Amerikanern, dass sie zuversichtlich sein könnten, dass er jeden Tag seine Zeit damit verbringen werde, herauszufinden, wie er ihr Leben besser machen kann. Dann werde er am Ende seiner Präsidentschaft sagen können, auch in der zweiten Hälfte seiner zweiten und damit letzten Amtszeit gut gespielt zu haben.

Barack Obama führt ein Beispiel an, das seine politischen Ambitionen untermalen soll: Der einzige Unterschied zwischen Basketball und Politik bestehe darin, dass in der Politik nur zähle, wie jemand anderes gespielt hat, und nicht, wie man selbst gespielt hat. Dieses Ziel wolle er fokussieren und sich am Ende fragen: Haben nun mehr Menschen Arbeit? Sind ihre Bankkonten besser? Gehen mehr Kinder aufs College? Wurden mehr Häuser gebaut? Ist das Finanzsystem stabiler? Bekommen kleine Kinder eine bessere Erziehung? Haben wir eine höhere Energieunabhängigkeit? Ist die Umwelt sauberer? Haben wir etwas gegen den Klimawandel getan? Haben wir uns mit einer andauernden terroristischen Bedrohung auseinandergesetzt und dabei geholfen, Stabilität in der Welt herzustellen? Jeden einzelnen Tag habe er die Möglichkeit, eine Veränderung an diesen Fronten herbeizuführen.

Charakteristisch für Obama ist, dass er auf keine provozierende Äußerung eingeht und es vermag, stets sachlich zu argumentieren, indem er das Ziel in das Zentrum rückt, nämlich die Verbesserung der Regierungsarbeit und die damit einhergehende Notwendigkeit der Zusammenarbeit. Gleichzeitig vermittelt er der Zuhörerschaft stets, dass es um ihre Bedürfnisse geht, nicht um die seinen. Dabei zeichnen ihn Offenheit, Demut, Sensibilität und zugleich Stärke aus. Problemen weicht er in der Regel mit Humor aus, da er sich nicht auf einzelne Herausforderungen einlässt, sondern vielmehr den Überblick behält und sein Ziel verfolgt, für die amerikanische Bevölkerung zu vermitteln.

4.2.3 Analyse der Persönlichkeit Barack Obama anhand des Interviews mit Cristián Gálvez im Rahmen der World Leadership Summit

Am 04.04.2019 kam der ehemalige US-Präsident Barack Obama zur World Leadership Summit in die LANXESS Arena nach Köln. Thema des Abends war die Frage, was gute Führung heute bedeutet. Das Interview mit Barack Obama führte Cristián Gálvez, ein Motivationstrainer und mehrfach ausgezeichneter Vortragsredner.[288] In diesem Kapitel wird ein kleiner Ausschnitt aus dem Interview präsentiert, der Rückschlüsse auf Obamas Persönlichkeit und Erfolgsgeheimnis erlaubt.

CRISTIÁN GÁLVEZ: *What makes Michelle Obama such a passionate leader from your point of view?*

BARACK OBAMA: *You know, I don't know where to start. Look, my wife is unique. She is smart, strong, beautiful, honest, funny, she´s a good dancer, she's cute. But you know, I think what Michelle and I both share is, we both were born into fairly modest circumstances. We weren't born wealthy, we weren't born rich. Our success wasn't preordat and we were lucky enough*

288 Vgl. https://www.gedankentanken.com/wls (Letzter Zugriff 26.04.2019)

to have, in her case two parents in my case my mom and my grandparents, who I think gave us good solid values to start wit. And they taught us that our opinions matter and that we were smart and there wasn't anything that we couldn't do but we had to work for it. We couldn't expect of the world to give us anything we wanted on a silver plate and I think that that built a strength certainly in her and in me in different circumstances. And I also think one of the things both of us agree on is we feel lucky enough that we weren't famous until we were like 45 because we had lived like normal people, we had to go shopping at the supermarket and we had to wash our car and we had to figure out how we going to pay the bills. And in the United States we don't have a good child care system so if both parents are working we have to find somebody to look after the children before they're in school. So we have gone through the struggles of everyday life which I think meant that when we suddenly found ourselves in the White House we hadn't forgotten what is was like to live an ordinary life and part of what I think Michelle tapped into, part of her great attraction to so many people in the United States was, that she spoke about those ordinary struggles in a powerful way that people could relate to. She didn't see as if she was removed or above all this. She said you know let me tell you about my husband, he doesn't pick up his shoes, my kids, I've got to constantly remind them to do this and to do that. So people could identify with that and you were asking about leadership earlier. I do think that to be effective, people have to relate to you. They have to see you more than might have been true thirty forty a hundred years ago. When nobody really knew what Harry Truman was doing today. I always remind people that Theodore Roosevelt when he was president of the United States he went on hunting trips he'll be gone for a month. He'll just go with this – he had a secret service guy – and they go on horseback and that you know built a fire and cook beans and shot things. For a month. If people didn't know where I was for half an hour everybody be like where's Obama why isn't he working.

(Eigene Aufzeichnung im Rahmen einer persönlichen Teilnahme am World Leadership Summit in der LANXESS Arena in Köln am 04.04.2019)

Auf die Frage, was Michelle Obama zu so einer leidenschaftlichen Führungspersönlichkeit macht, beginnt er mit einer Aufzählung von Liebenswürdigkeiten mit denen er seine Frau beschreibt. Auf diese Weise offenbart er seine Wertschätzung für Michelle auch nach 27 Jahren Ehe und bekennt sich somit unter anderem zu einem treuen Ehemann. Aus theologischer Perspektive ist Treue, die als eine Frucht des Heiligen Geistes angeführt ist, ebenso ein Kennzeichen charismatischer Führungspersönlichkeiten. Er betont weiter, dass mehrere Gründe und auch Lebensumstände dazu geführt hätten, dass Beide Stärke entwickeln konnten. Zum einen sei dies auf den Umstand zurückzuführen, dass er und seine Frau in bescheidenen Lebensverhältnissen aufgewachsen sind. Auch die guten und soliden Werte, die ihnen von ihren Eltern beziehungsweise Großeltern vermittelt wurden, beschreibt er heute unter anderem dafür als Voraussetzung. Ihre Eltern haben ihr Selbstbewusstsein gestärkt, indem sie ihnen versicherten, dass ihre Meinung etwas zählt und dass sie clever genug seien Alles zu erreichen, wenn man dafür arbeitet. Die Gegebenheit, dass sie nicht vor ihren 45 Lebensjahren berühmt gewesen sind, empfindet Obama heute als Glück. Bis dahin konnten sie wie normale Menschen leben. Sie gingen im Supermarkt einkaufen, mussten ihr Auto waschen und überlegen, wie sie ihre Rechnungen zahlen. Weiter erwähnt Obama, dass es in den Vereinigten Staaten kein gutes System gibt, was die Kinderbetreuung betrifft. Deshalb müsse man sich jemanden suchen, der auf die Kinder aufpasst, wenn beide Elternteile arbeiten. Diese alltäglichen Probleme des normalen Lebens hätten sie nicht vergessen, als sie in das Weiße Haus kamen. Barack Obama sieht es als einen Teil von Michelles großer Anziehungskraft in den USA, dass sie über diese einfachen Probleme in einer kraftvollen Art und Weise sprach, sodass sich die Menschen damit identifizieren konnten. Sie sah sich weder davon entfernt, noch als ob sie erhaben über all dem stehen würde. Aus diesem Grund konnten sich die Menschen mit ihr identifizieren. Obama unterstreicht seinen Gedanken und stellt fest, dass es für eine effektive Führung wichtig sei, dass sich Menschen mit der Person identifizieren können. Die Führungsperson authentisch zu sehen sei heute noch wichtiger als vor 30, 40 oder 100 Jahren, als niemand wirklich wusste wer Harry Truman war. Als Beispiel erinnert er an Theodore Roosevelt. Dieser sei während seiner US-Präsidentschaft manchmal sogar für einen ganzen Monat auf die Jagd gegangen. Im Vergleich dazu erwähnt er, dass die Leute, wenn sie nicht wussten wo er für eine halbe Stunde war, sagten: „Wo ist Obama, warum arbeitet er nicht."

4.2.4 Schlussfolgerungen aus dem Verhalten von Barack Obama bei Widerstand und aus seinem Umgang mit den Medien und der Öffentlichkeit

Es lassen sich bestimmte Eigenschaften beobachten, die Barack Obama auszeichnen und ihn befähigen, der Öffentlichkeit in Zeiten des Widerstands souverän zu begegnen. Zu seinen Eigenschaften zählen ein ausgeprägter Sinn für Humor, Offenheit, Einfühlungsvermögen und ein gewisser Charme, mit dem er mit der Öffentlichkeit umzugehen pflegt.

Sein Umgang mit den Medien und der Öffentlichkeit offenbart, dass er mit persönlichen Abwertungen sehr vertraut ist und dazu fähig ist, Abwertungen in eine Auserwählung umzukehren. Diese Haltung fällt vor allem in seinem Buch „Ein amerikanischer Traum“ auf. Von seinem Großvater hatte er die Strategie erlernt, wie man Problemen ausweichen kann. Dieselbe Strategie wendet er nun in seiner Rede an. Er nimmt den Widerstand amüsiert zur Kenntnis und macht einen Scherz über die betreffenden Leute, die ihm Widerstand leisten. Auf diese Weise gelingt es ihm, ihnen ihren Charakter vor Augen zu führen. Um diese Strategie umsetzen zu können, geht er nach dem Schema vor, das ihm der zweite Mann seiner Mutter in Indonesien beibrachte. Er konzentriert sich auf das Ziel, vermag den Blick von der eigenen Person abzuwenden und ignoriert dabei den Schmerz, den ihm die beteiligten Personen durch ihre Äußerungen zugefügt haben. Aus diesem Grund besitzt er eine höhere Schmerzschwelle. Obama ist sich immer darüber bewusst, dass die Welt unberechenbar und brutal sein kann, deshalb überraschen ihn Widerstände und Abwertungen seiner Person nicht, da sie für ihn zur Normalität geworden sind. So wie er es von seinen Kollegen an der High School gelernt hatte, ist er imstande, seine wahren Gefühle zu überspielen. Die eine oder andere Schlagzeile hat ihm sicherlich zugesetzt und ihn persönlich gekränkt, jedoch ist er in der Lage, seinen Schmerz nicht öffentlich zu machen und keine Schwächen zu offenbaren. Vielmehr konfrontiert er seine Gegner mit den Fakten und nimmt es mit Humor. Damit verhält er sich konträr zu der Erwartung seiner Gegner und zeigt der Öffentlichkeit, dass er sich nicht gekränkt fühlt, sondern sich im Gegenteil darüber amüsieren kann, indem er immer Aktionen wählt, die seine Gegner nie erwartet hätten.

Barack Obama sieht es aufgrund seiner schwierigen Geschichte als seinen Auftrag an, Weiße und Schwarze zusammenzuführen, während er selbst immer das Gefühl hatte, nicht dazuzugehören. Gerade der Umstand, dass er zu keiner Gruppe gehörte, macht es ihm nun möglich, zu vermitteln. Julia Encke stellt fest: „Er klang so, als wolle er nicht weniger als die Welt retten"[289], und trifft es damit auf den Punkt. Da Barack Obama sein Amt als seinen persönlichen Auftrag versteht und auch wahrnimmt, wendet er sich mit ganzem Herzen auf eine leidenschaftliche Art und Weise seinem Publikum zu. Dies vermittelt in der Tat den Eindruck, als wolle er die Welt retten. Sein persönliches Charisma und sein Charisma des Amtes verschmelzen sozusagen und akzentuieren somit die Botschaft, die er übermitteln möchte. Sein persönliches Charisma wurde durch seine Lebenserfahrungen geprägt, und seine früheren Erfahrungen akzentuieren sein Charisma heute. Es zeichnet sich ab, dass ihn sein persönlicher Umgang mit destruktiver Erfahrung aus seiner Vergangenheit auf diese Aufgabe vorbereitet hat. Aufgrund seiner Fähigkeit, selbstreflektiert zu denken und zu handeln, fasste er diese Aufgabe als seinen persönlichen Auftrag auf, was sich wiederum in seinem Verhalten widerspiegelt.

Was den Zusammenhang von Charisma und Trauma betrifft, scheinen Aberbachs Merkmale für die Entstehung von Charisma bei der Persönlichkeit Barack Obama vorhanden zu sein. Barack Obama hat sich im Laufe seines Lebens Strategien und Verhaltensweisen angeeignet, um seine negativen persönlichen Erfahrungen, insbesondere seine frühen Verluste in der Familie, beispielsweise den Verlust seines Vaters, zu überwinden. Die Ausgrenzung und Abwertung seiner Person aufgrund seiner Hautfarbe haben in ihm die Notwendigkeit geweckt ungewöhnliche Stärken in anderen Bereichen zu entwickeln. Seine erste Buchveröffentlichung kann als

289 Encke (2014), S. 151.

Strategie der Selbststigmatisierung beschrieben werden, da er sein Stigma, seine schwierige Lebensgeschichte, dazu benutzt, um Aufmerksamkeit zu erzeugen. Auch der Umstand, dass er der Sohn einer weißen Mutter und eines schwarzen Vaters ist, symbolisiert für ihn sein Stigma, da er sich aufgrund dessen zwischen zwei Welten gefangen sah. Dieses Stigma konnte er mittels der Selbststigmatisierung in Charisma überleiten, da nun sein Stigma in der Öffentlichkeit als die diplomatische Lösung wahrgenommen wurde. Er schien aufgrund seiner Hautfarbe auserwählt zu sein, zwischen der weißen und der schwarzen Bevölkerung zu vermitteln. Seine Lebensgeschichte nutzte er dazu, Authentizität herzustellen. Diese Strategie konnte er erfolgreich umsetzen, da seine Persönlichkeit und sein Lebensstil mit seinen Darstellungen in seiner Biographie übereinstimmten. Charismatiker wie Barack Obama sind demnach gute Menschenkenner und dazu in der Lage, aufgrund ihres enorm ausgeprägten Einfühlungsvermögens vorausschauend zu denken und zu handeln und somit strategisch zu führen.

Die bescheidenen Lebensverhältnisse in denen das Ehepaar Michelle und Barack Obama lebten, haben in ihnen eine Bodenständigkeit geprägt, mit der sich die Menschen identifizieren können. So war es ihnen erst möglich Authentizität herzustellen. Effektive Führung ist in diesem Sinne auf die Fähigkeit zurückzuführen, Identifikationsmöglichkeiten zu schaffen. Als ein Merkmal für transformationale Führung ist Charisma als der Grad beschrieben, zu dem eine Führungspersönlichkeit Identifikationsmöglichkeiten realisieren kann, indem sie sich authentisch verhält. Da Michelle Obamas Persönlichkeit ebenso als charismatisch wahrgenommen wird, lässt sich feststellen, dass es sich bei dem Ehepaar Obama um zwei Führungspersönlichkeiten mit besonderer Ausstrahlung handelt. Sowohl die Werte, die ihnen von ihren Eltern und Großeltern vermittelt wurden, als auch eine Erziehung zu Selbstbewusstsein haben den Grundstein dafür gelegt, dass sie Führungsstärke entwickeln konnten.

4.2.5 Analyse und Schlussfolgerungen aus den Ergebnissen in Beantwortung der Hypothesen

Anhand der Analysen der Biographie „Ein amerikanischer Traum", der ausgewählten Reden und dem Interview, kann Barack Obamas Charisma verifiziert werden. Es lässt sich feststellen, dass er neben dem höchstmöglichen Amtscharisma auch persönliches Charisma besitzt. Hinsichtlich seines persönlichen Charismas ist die Hypothese „Charisma ist in die Wiege gelegt" in theologischer Perspektive zu verifizieren. Da dieser zufolge Charisma ein Geschenk Gottes an den Menschen konstituiert, kann davon ausgegangen werden, dass Barack Obama Charisma in die Wiege gelegt ist. Mit Blick auf seinen Lebenslauf und seine Erziehung kann man zudem auf einen religiösen Hintergrund schließen.

Sein Glaube scheint dabei eher eine persönliche Beziehung zu Gott zu sein, als dass er sich auf eine kirchliche Institution bezieht: Obama hat zwar verschiedene Gottesdienste besucht, gehört aber keiner Kirche an.[290]

Die zweite Hypothese „Charisma ist eine erlernbare Fähigkeit" kann ebenso bestätigt werden. Die Lebensumstände, in denen Barack Obama aufgewachsen ist, haben den Grundstein für seine Lebensgeschichte sowie dafür gelegt, dass er Charisma entwickeln konnte. Seine Erziehung zu Bodenständigkeit als auch die bescheidenen Lebensverhältnisse in denen er aufgewachsen ist, haben in ihm eine realistische Perspektive geprägt, die es ihm ermöglicht mit den Menschen auf Augenhöhe zu kommunizieren. In der Folge konnte er Authentizität herstellen und Identifikationsmöglichkeiten schaffen. Im Laufe seines Lebens eignete er sich Strategien und Verhaltensweisen an, die charismatisches Potential besitzen. Sein persönlicher Umgang mit seiner Lebensgeschichte, die durch persönliche Abwertungen aufgrund seiner Hautfarbe geprägt ist, hat dazu beigetragen, dass er diese Abwertung in eine Auserwählung umkehren konnte. Darin zeigt sich sein Charisma, das ihn befähigt, reflektiert vorzugehen, den Schmerz zu unterdrücken und stets sein

290 Vgl. Obama (2009), S. 283.

Ziel vor Augen zu haben. So war es ihm möglich, das Spannungsverhältnis zwischen Charisma und Widerstand für sich zu nutzen. Die Charisma-Wirkung kann an seiner Persönlichkeit demnach verifiziert werden, da er die Umstände, die Widerstände verursachen, dazu benützt, neue Ideen zu entwickeln, und sich somit auf neue Widerstände vorbereitet und auch seinen zukünftigen Erfolg daraus herleitet beziehungsweise definiert. Überdies zeichnet sich ab, dass er auf der Suche nach den Ursachen und Beweggründen für Widerstände Strategien entwickeln konnte, seine Geschichte zum Beispiel zu machen, um der Welt die Augen zu öffnen. In diesem Zusammenhang scheint seine ausgeprägte Neugier, Lösungen für persönliche und berufliche Probleme zu finden, ein markantes Merkmal seiner Persönlichkeit zu sein.

Die Hypothese „Charisma wird durch Abwertung und/oder Ausgrenzung der Person, als Folge von Widerständen, geschwächt" kann im Falle Barack Obama als falsifiziert erklärt werden. Barack Obama benützt die Abwertung und Ausgrenzung geradezu, um Charisma zu erlangen, und bestätigt dabei die theologische Perspektive in Bezug auf die Entwicklung von Charisma und die damit einhergehende Charisma-Wirkung. Sein persönliches Überwinden seiner Erfahrungen mit Abwertungen und Ausgrenzung haben folglich dazu geführt, dass er Führungsstärke entwickeln konnte. Auch sein Umgang mit den Medien und der Öffentlichkeit zeigt, dass sein persönliches Charisma keineswegs unter dem Druck der Öffentlichkeit leidet. Abwertungen benützt er in der Regel als Vorlage für eine wunderbare Pointe.

Barack Obama beendet seine Reden für gewöhnlich mit den Worten „Gott segne euch" und bekennt sich damit auch zu seinen religiösen Werten und zu seinem Glauben an Gott. In seinem Buch beschreibt er, wie er an einem Sonntagmorgen in die Kirche aufbrach, um der Predigt seines Freundes Reverend Wright zu lauschen. Während der Chor „Thank you Jesus" sang, erinnerte er sich an die schlechten Zeiten, als er nicht verstehen konnte, warum seine Eltern trotzdem dieses Lied sangen. In den Zeiten, in denen es den Anschein hatte, als würde er es nie zu etwas bringen. Nun verstand er das Lied und sagte: „Herr, ich danke dir, dass du mich nicht aufgegeben hast, als ich dich aufgab! Jesus, ich danke dir ..." [291] Darüber hinaus sind sein persönlicher Hintergrund, seine Persönlichkeit und sein wertschätzendes Verhalten und Handeln anderen Menschen gegenüber, insbesondere aber zu seiner Frau Michelle, Indizien dafür, dass er von einer Ernsthaftigkeit im Glauben geprägt ist. Ebenso geben seine Charaktermerkmale wie Treue, Liebe, Selbstbeherrschung und die Tatsache, dass er in seinen Reden stets Gott miteinbezieht, Hinweise darauf, dass er in Sachen Religion authentisch ist. Liebe und Treue sind ebenso Kennzeichen charismatischer Führungspersönlichkeiten aus theologischer Perspektive. Barack Obamas Aussagen in seiner Biographie stimmen mit seinem Verhalten und Handeln überein und werden an seinen Taten sichtbar. Demut ist in diesem Zusammenhang ein kennzeichnendes Merkmal, das auf Gläubigkeit verweist. Sie spiegelt sich sowohl in seiner Persönlichkeit als auch in seinem Verhalten wider.

Die Hypothese „Charismatiker werden durch religiöse Werte wie zum Beispiel den Glauben geprägt" kann somit als verifiziert erklärt werden. Daneben zeichnet sich ab, dass Charisma aus theologischer Perspektive auf eine Strategie für erfolgreiche Führung verweist, die die Liebe beinhaltet. Die Liebe lässt uns in diesem Kontext auch auf Wertschätzung blicken, da sich Gott selbst als Liebe personifiziert,[292] was wiederum in einer Wertschätzung der eigenen Person zum Ausdruck kommen kann.[293] Diese Wertschätzung und Liebe hat Barack Obama für sich verinnerlicht, was sein Leben grundlegend geprägt hat.

Es lässt sich feststellen, dass die Persönlichkeit eines Charismatikers religiöse Werte prägen und dieser seine Kraft aus der Wertschätzung der Liebe Gottes schöpft.

---

291 Vgl. Obama (2009), S. 299–303.
292 Vgl. Luther (1982), S. 127.
293 Scheungraber (2011), S. 75.

4.2.6 Barack Obama – eine charismatische Führungspersönlichkeit

Aus dem Beispiel der Persönlichkeit von Barack Obama lässt sich eine Reihe von charismatischen Eigenschaften ableiten. Barack Obama besitzt Mut, Durchhaltevermögen, Empathie, Demut, Humor, und er hat die Fähigkeit, selbstständig und reflektiert zu denken und zu handeln. Nach der soziologischen und der managementorientierten Auffassung von Charisma kann Barack Obama Charisma zugesprochen werden. Er hat zwar zahlreiche Gegner, jedoch ist er in der Lage, trotz des Widerstands die Massen für sich zu gewinnen. Aus theologischer Perspektive gilt er ebenso als charismatisch, da er seinen Glauben, seine Liebe zu den Mitmenschen und seine Demut verkündet und auch lebt. Dies zeigt sich vor allem in seinen Reden, in denen er seinem Publikum stets wertschätzend begegnet. Er vermag es, auf Augenhöhe mit seinem Publikum zu kommunizieren. Seine Persönlichkeit zeichnet sich dabei weder durch Überheblichkeit noch Arroganz aus, sondern durch Solidarität und Selbstbeherrschung. Zudem appelliert er mit seinem Buch an die Gesellschaft und vor allem an die weiße Bevölkerung, zeigt Einfühlungsvermögen sowohl für die Weißen als auch für die Schwarzen und wird deshalb seinem diplomatischen Auftrag gerecht. Er vermag es, zwischen den beiden Ethnizitäten zu vermitteln, ohne einer von ihnen den Wert abzusprechen. Sowohl Aberbachs Ausführungen zu Charisma und Trauma als auch Rothermund Dietmars Überzeugungen bezüglich der Entstehung von Charisma durch Erfahrung sind auf Barack Obamas Persönlichkeit zutreffend. Ebenso liefert die Theorie der Selbststigmatisierung Erklärungen für Barack Obamas Erfolgsstrategie. Korrespondierend mit Wolfgang Lipps Feststellung, Charisma sei im Sinne der Selbststigmatisierung von der Reaktion Dritter auf bestimmte Handlungen abhängig, da der exakte Sinn des Charismas durch die Deutung der Gesellschaft offenbar wird, lässt sich Barack Obamas Einfühlungsvermögen und visionäres Denken erkennen. Barack Obama war dazu in der Lage, die Reaktionen der Öffentlichkeit im Hinblick auf seine Selbststigmatisierung in Form seines Buches vorherzusehen, indem er das Stigma authentisch formulierte, um eine bestimmte Wirkung zu erzielen

(Charisma-Wirkung). So war es ihm möglich, die Abwertung in eine Auserwählung umzukehren. Seine Persönlichkeit kennzeichnet daher zudem die Fähigkeit, strategisch zu beeinflussen und folglich auf psychologische Weise zu führen.

4.3 Diskussion über die charismatische Führungspersönlichkeit in der Politik

Der charismatischen Führungspersönlichkeit in der Politik kommt vornehmlich eine Vermittlerrolle zu. Politikerpersönlichkeiten müssen sowohl innerhalb der Organisation als auch nach außen präzise und wirkungsvoll kommunizieren. Sie nehmen dabei die Rolle des strategischen Beeinflussers ein, der die Geführten und ihre Bedürfnisse richtig einzuschätzen vermag. Ein ausgeprägtes Einfühlungsvermögen ist unerlässlich dafür, die Emotionen der Geführten realistisch einschätzen und ansprechen zu können. Ebenso ist eine realistische und bodenständige Perspektive notwendig, um Identifikationsmöglichkeiten zu schaffen. Barack Obamas Geschichte zeigt, dass er aufgrund seines Einfühlungsvermögens fähig ist, strategisch zu beeinflussen, da er die Reaktionen der Öffentlichkeit realitätsgetreu wahrnimmt und einschätzen kann, noch bevor er einen Sachverhalt kommuniziert hat. Die Lebensgeschichten der Politiker sind oftmals ausschlaggebend dafür, wie sie sich im späteren Berufsleben verhalten und wie sie Widerständen begegnen. Die Wechselwirkungen zwischen Charisma und Erfahrung sowie zwischen Charisma und Widerstand liefern die theoretische Erklärung für diese Entwicklung von Charisma. Überdies ist festzustellen, dass Führungspersönlichkeiten in der Politik permanent mit Widerständen konfrontiert sind. Aus diesem Grund müssen sie die Fähigkeit besitzen, Widerstände zu überwinden und im besten Fall sogar als Strategie für ihren Erfolg zu nutzen.

Barack Obama führt uns in seinen Reden stets vor Augen, wie die charismatische Wirkung eines Politikers als Funke auf ein Publikum überspringen und wie das politische Interesse der Gesellschaft neu belebt werden kann.[294] Dies liegt auch daran, dass er sein Amt als seine Aufgabe ansieht, die er auf seine Lebensgeschichte zurückführt. Weber spricht im Zusammenhang mit Charisma von einem Beruf im emphatischen Sinne, indem er die „innere Aufgabe" erwähnt, die dem Charisma zugrunde liegt.[295] Nicht zuletzt aus diesem Grund wendet sich der Charismatiker mit ganzer Kraft, in vollster Überzeugung seiner Aufgabe zu und lebt diese mit einer leidenschaftlichen Begeisterung.[296] Mit Blick auf Charisma und Widerstand am Beispiel der Persönlichkeit des Charismatikers offenbart sich Charisma an den Werten der Führungspersönlichkeit. Charismatiker sind stets um das Wohlergehen der Geführten bemüht. Charisma wird demnach an der Persönlichkeit und ihrem Verhalten und Handeln oder vielmehr an ihren Taten sichtbar. Daneben lässt sich feststellen, dass der Charismatiker aus theologischer Sicht die Würde und den Wert eines Menschen respektiert und es sogar als seinen persönlichen Auftrag ansieht, dementsprechend für die Gesellschaft zu vermitteln.

4.3.1 Die Schattenseite von Charisma

Mit dem schillernden Phänomen Charisma geht auch eine Schattenseite einher, die für den Charisma-Träger mitunter eine schwere Herausforderung darstellt. Charismatische Persönlichkeiten sind stets mit Widerständen konfrontiert, jedoch zeichnet charismatische Menschen die Fähigkeit aus, Widerstände erfolgreich zu überwinden. Die theologische Perspektive auf Charisma offenbart, dass die Werte und Eigenschaften, die eine charismatische Führungspersönlichkeit prägen, ihr dabei helfen, Widerstände überwinden zu können. Da die Persönlichkeit Barack Obama ein überdurchschnittliches Einfühlungsvermögen besitzt, ist anzunehmen, dass er Abwertungen und Ausgrenzung mitunter intensiver erlebt, als an-

294 Vgl. Encke (2014), S. 152–153.
295 Vgl. Weber (1956), S. 142.
296 Vgl. Lasko (1994), S. 15–16.

dere. Diese Sensibilität und diese Feinfühligkeit haben wiederum bewirkt, dass er besondere Stärken entwickeln konnte. Aus diesem Grund ist die Kombination von Stärke und Schwäche unerlässlich für eine Entwicklung von Charisma. Aufgrund seiner zahlreichen Erfahrungen mit Widerständen lernte er, mit Charisma umzugehen und dieses zu akzentuieren, indem er Charisma als seine Stärke und nicht als seine Schwäche annahm. Sein Feingefühl, das sich in seiner Emotionalität sowie in seinem Einfühlungs- und Mitfühlungsvermögen zeigt, stellt deshalb ein Charakteristikum für Charisma dar.

In Bezug auf Charisma und Widerstand das an dem Schema Mobbing skizziert wird, zeigt sich, dass Charisma auch mit Neid, Hass und Angst konfrontiert werden kann. In der Folge projiziert der Beobachter negative Charaktermerkmale, die meist auf einen geringen Selbstwert, ausgeprägtem Egoismus und Konkurrenzdenken zurückzuführen sind, auf die Person des Charisma-Trägers. Aus diesem Grund sind Vorurteile und falsche Gerüchte meist die Konsequenz von Widerständen in Form von Mobbing.

Charismatiker wie Barack Obama sind jedoch dazu in der Lage, dem Widerstand standzuhalten und die Auswirkungen des Widerstands sowie die unterschiedlichen Fehlannahmen und Vorurteile in Bezug auf ihre Person durch Authentizität auszuräumen.

Aufgrund der Bedeutungsvielfalt des Charisma-Begriffs und der unterschiedlichen Interpretationen von Charisma in der Alltagssprache, ist es zum einen vom individuellen Blickwinkel als auch von persönlichen Werten abhängig, welcher Persönlichkeit eine besonders anziehende Ausstrahlung zuerkannt wird. Deshalb kommt es auch auf die jeweilige Wahrnehmung von Führungsfähigkeit an. Eine Täterpersönlichkeit würde beispielsweise kaum die Werte einer charismatischen Persönlichkeit als attraktiv bezeichnen, da sie gerade entgegengesetzte Charaktermerkmale ansprechend empfindet. Ebenso ist davon auszugehen, dass sich eine charismatische Persönlichkeit nicht zu den Charaktereigenschaften und dem Verhalten einer Täterpersönlichkeit hingezogen fühlen würde. Dies liegt in den unterschiedlichen Werten der beiden Persönlichkeitstypen begründet. Täterpersönlichkeiten imponieren Charaktermerkmale, die von Hass, Neid und Angst geprägt sind, die sie also selbst kennzeichnen, und deuten diese als durchsetzungsstarke und Erfolg stiftende Eigenschaften. Persönlichkeiten, die diese Merkmale auszeichnen, neigen auch auf Grund einer Abhängigkeit von Anerkennung dazu Werte als zweitrangig zu erachten. Charaktereigenschaften, die die Liebe sowie den Glauben bedingen, begreifen sie hingegen als eine Schwäche oder Unfähigkeit.

4.3.2 Charisma als Strategie für erfolgreiche Führung

Im Bewusstsein über die Beweggründe für Widerstände gegenüber einer charismatischen Führungspersönlichkeit werden im Folgenden Möglichkeiten aufgezeigt, Widerständen vorausschauend zu begegnen. Im Hinblick darauf ist ein wesentlicher Unterschied zwischen dem Charisma des Amtes und dem persönlichen Charisma zu verzeichnen. Gesetzt den Fall, es handelt sich um ein Charisma des Amtes, werden Widerstände initiiert, um die jeweilige Persönlichkeit aus dem Amt zu manövrieren. Handelt es sich um persönliches Charisma, wird das Ziel anvisiert, die Führungsperson aus einer bestimmten sozialen Position zu verdrängen, persönlich zu verletzen, zu demütigen und anzugreifen.

Gleichwohl können Widerstände als Herausforderung und Möglichkeit zur Entwicklung neuer Ideen und eines diplomatischen Geschicks genutzt werden. In diesem Abschnitt werden Erfolgsstrategien für Führungspersönlichkeiten anhand einer Check-Liste aufgeführt. Diese Erfolgsstrategien befähigen die Führungspersönlichkeit, Widerstände erfolgreich zu überwinden und sich damit konträr zu den Erwartungen der Gegner zu bewegen. Im Verhältnis von Charisma und Widerstand treten außerdem Charaktermerkmale von Täterpersönlichkeiten zum Vorschein und machen ihr zukünftiges Handeln durchschaubar und vorhersagbar. Da sich die Täterpersönlichkeit bewusst für ihre negativen Charaktereigenschaften als Instrument zur Durchsetzung ihrer Ziele entscheidet, ist sie nicht in der Lage, sich konträr zu verhalten. Charismatische Führungspersönlichkeiten sind hingegen weder durchschaubar noch berechenbar, da sie die Fähigkeit der Liebe auszeichnet. Ihre Persönlichkeit kennzeichnet dabei eine besondere Freiheit und Unabhängigkeit. Aus dieser Perspektive ist es der charismatischen Führungspersönlichkeit möglich, psychologisch Einfluss zu nehmen und das Verhalten der Menschen zu lenken. Den authentischen Charismatiker prägt diese Freiheit in seinem Handeln und Verhalten. Im Bewusstsein über die Charaktermerkmale der Menschen lenkt er auf diese Weise das Führungsgeschehen.

Erfolgsstrategien für Führungspersönlichkeiten

- Jede Aktion auf innere Befindlichkeit abstimmen
- Konfrontation mit dem Tatbestand
- Vorausschauend denken
- Ziel fokussieren und den Überblick behalten
- Authentizität
- Keine Wünsche und Ziele äußern
- Überraschen
- Konträr zu den Erwartungen verhalten

Charaktermerkmale die Führungspersönlichkeiten zur Umsetzung dieser Strategien befähigen

- Offenheit, Solidarität und Fairness
- Demut, Loyalität
- Selbständiges Denken
- Ehrlichkeit
- Selbstbewusstsein und Selbstwertgefühl
- Humor und Gelassenheit
- Positives Denken
- Wertschätzung
- Empathie
- Geduld
- Mut
- Glaube
- Liebe

Strategien für Erfolg sind darüber hinaus individuelle Strategien, die von Situation zu Situation variieren. Um eine Abwertung in eine Auserwählung überleiten zu können, sind die Persönlichkeit der Führungsperson, die Persönlichkeiten der Geführten sowie die Situation und der Anlass ausschlaggebend dafür, die richtige Strategie bestimmen zu können. Ein hohes Maß an Einfühlungsvermögen und eine authentische Umsetzung sind als Voraussetzung für den Erfolg anzuführen.

Mithin ist der Erfolg einer Führungspersönlichkeit nicht rein ökonomisch zu erklären. Dies lässt uns die Notwendigkeit der Einbeziehung verschiedener Erklärungsansätze aus der Theologie, der Soziologie und der modernen Führungs- und Managementlehre verstehen. Bei Untersuchungen darüber, welche Eigenschaften charismatische Führungspersönlichkeiten auszeichnen, wird der Glaube stets als Voraussetzung für eine Entstehung von Charisma angeführt. Hierbei bezieht man sich auf religiöse Werte und Motive des Charismatikers. Aus der theologischen Perspektive ist der Glaube ein signifikantes Charaktermerkmal charismatischer Führungskräfte. Der Glaube wiederum bedingt Demut und ist ein Hauptkriterium erfolgreicher Führung, da Demut erst zur Führung befähigt. Aus diesem Grund sind Menschen ohne eine demütige Haltung ungeeignet zur Führung von Menschen, da sie ihre Macht nicht selten missbrauchen, um anderen Schaden zuzufügen. Diesen Machtmissbrauch sehen sie aus Gründen des Eigennutzes gerechtfertigt. Ihre Persönlichkeit kennzeichnet insofern weder Einfühlungs- noch Mitfühlungsvermögen, sondern Egoismus. Einfühlungsvermögen ist jedoch die Grundvoraussetzung für Charisma. Aus diesem Blickwinkel wird deutlich, welche außerordentliche Wirkung Werte in Bezug auf Führung aufweisen. Daraus lässt sich schlussfolgern, dass erfolgreiche Führung stets von den Werten der Führungspersönlichkeit abhängig und darauf zurückzuführen ist.

Zudem wird im ersten Brief des Paulus an die Korinther die Liebe als die höchste Geistesgabe bezeichnet (1 Kor 13).[297] Demnach ist die wichtigste Bedeutung von Charisma aus theologischer

---

297 Vgl. Luther (1982), S. 200.

Perspektive die Liebe. Die Liebe lässt uns zum einen auf die Wertschätzung blicken, die aus dem Glauben resultiert, zum anderen auf eine Atmosphäre der Wertschätzung zwischen der Führungspersönlichkeit und den Geführten. Daraus lässt sich ableiten, dass eine Persönlichkeit Charisma nur dann entwickeln und ausstrahlen kann, wenn die Liebe als Charaktereigenschaft sie auszeichnet. Diese charismatische Eigenschaft ermöglicht es der Führungsperson, in Zeiten des Widerstands Solidarität, Toleranz, Loyalität sowie Humor und Gelassenheit zu bewahren, da die Auswirkungen der Liebe diese Fähigkeiten zur Folge haben. Charismatische Führungspersönlichkeiten wenden sich emotional und intensiv ihren Aufgaben zu und sind um das Wohlergehen der Geführten stets bemüht. Auf diese Weise, aufgrund ihres intrinsisch geprägten Verhaltens, gelingt es ihnen, strategisch zu beeinflussen und auf emotionale Weise zu führen.

4.3.3 Definition Charisma

Charisma- Definition: Charisma ist ein geistliches Phänomen, das auf religiöse Werte wie zum Beispiel den Glauben zurückzuführen ist sowie in Charaktereigenschaften, die die Liebe bedingen, seinen Ausdruck findet, da diese wiederum das Verhalten und die Ausstrahlung des Charismatikers prägen. Der authentische Charismatiker ist auf lange Sicht gesehen resistent gegenüber Abwertungen seiner Person und Ausgrenzung, da ihm seine Werte dazu verhelfen, das Spannungsverhältnis zwischen Charisma und Widerstand zu überwinden und schließlich mit Erfolg zu meistern. Er vermag es nämlich, selbstreflektiv und unabhängig von der Anerkennung anderer zu agieren. Kennzeichnend für seine Persönlichkeit sind seine Fähigkeit Authentizität herzustellen und Identifikationsmöglichkeiten zu schaffen. Charisma ist in diesem Sinne als persönliche Eigenschaft zu verstehen, die dazu befähigt, Charisma als Strategie für Erfolg zu nutzen.

5 Resümee

Angesichts der dynamischen Veränderungen, die unsere Zeit prägen, sind Führungspersönlichkeiten permanent mit neuen Herausforderungen und Widerständen konfrontiert. Führungspersonen müssen in der Lage sein, persönliche Strategien zu entwickeln, um dieser sich ständig umgestaltenden Zeit gewappnet begegnen zu können. In vorliegendem Buch werden zahlreiche Theorien präsentiert, die eine Erklärung für den Erfolg einer Führungspersönlichkeit aufzeigen. Eine Erklärung für Führungserfolg verweist auf die Betrachtung bestimmter Persönlichkeitseigenschaften einer charismatischen Führungspersönlichkeit. Dabei wird der Charakter als bestimmendes Merkmal erfolgreicher Führungspersönlichkeiten verstanden. Spezielle Charaktereigenschaften, mit denen eine charismatische Führungspersönlichkeit in Verbindung gebracht wird, sind etwa die Fähigkeiten, Visionen zu vermitteln, Emotionen intensiv wahrzunehmen und auch andere diese Emotionen wahrnehmen zu lassen. Darüber hinaus zeichnet charismatische Menschen Begeisterungsfähigkeit, Leidenschaft, Selbstsicherheit, Unabhängigkeit, Einfühlungsvermögen und eine besondere Ausstrahlung aus. Die Theologie argumentiert in diesem Zusammenhang mit Eigenschaften der Liebe, die wiederum das Verhalten und die Ausstrahlung einer Führungspersönlichkeit prägen. Im Hinblick auf die Ursprünge des Charisma-Begriffs lässt sich feststellen, dass die moderne Auffassung von Charisma die theologische Bedeutung unberücksichtigt lässt. Seit seinem ersten Auftreten bei Paulus bis zu seiner Einführung in die Sozialwissenschaft durch Max Weber hat der Charisma-Begriff eine völlige Umkehrung erfahren. Während Charisma im theologischen Kontext ein geistliches Phänomen darstellt und eine durch den Heiligen Geist Gottes vermittelte Gnadengabe meint, die unabhängig von einer Anerkennung der Geführten wirksam ist, beschreiben die Sozialwissenschaft und die moderne Führungs- und Managementlehre Charisma als ausschließlich von der Akzeptanz und Anerkennung der Gesellschaft abhängig.

Weber fokussiert dabei in erster Linie die Signifikanz einer sozialen Beziehung zwischen dem Führer und den Geführten, wobei es vor allem auf die Bewertung von Seiten der Beherrschten ankommt, ob jemand als charismatischer Führer gewertet wird.[298] Daneben wird in der soziologischen und auch managementorientierten Sicht die Bedeutung der Beziehung zwischen Führungskräften und den Geführten hervorgehoben sowie die Situation und der Kontext, in dem Führung geschieht.

In der internen Dynamik einer Persönlichkeit liegt die Ursache für eine Entstehung von Charisma. Dazu zählen die Kombination von Schwäche und Stärke und die Kreation einer neuen Identität, die durch Trauma und Erfahrung bedingt ist. Diese kann in der Selbststigmatisierung als Strategie für eine Entstehung von Charisma zum Ausdruck kommen. Bei der Entwicklung von Charisma durch Stigmatisierung zeigt sich auch die Schattenseite von Charisma, da Charisma ein Phänomen ist, das extreme Reaktionen hervorrufen kann. Dazu zählen sowohl exorbitante Begeisterung und Bewunderung als auch extreme und zahlreiche Widerstände, mit denen Charisma konfrontiert ist. Bezugnehmend auf Charisma und Widerstand wird die Fähigkeit des Charismatikers hervorgehoben, Widerstände für seinen zukünftigen Erfolg zu nutzen. Diese Wechselwirkung wird als Charisma-Wirkung beschrieben, die den Erfolg einer charismatischen Führungspersönlichkeit definieren kann. Daneben werden aus theologischer Perspektive der Glaube und die Liebe als Erfolgsgeheimnis des Charismatikers angeführt, die dazu befähigen, Abwertungen in eine Auserwählung umzudeuten, da der Glaube und die Liebe von der Abhängigkeit der Anerkennung befreien. Diese Unabhängigkeit zählt wiederum zu Charisma.

Individuelle Wertvorstellungen sind darüber hinaus ein wesentliches Kriterium einer Zuschreibung von Führungsfähigkeit und

298 Vgl. Scheungraber (2012), S. 31–32.

einer besonderen Ausstrahlung, welche man folglich als charismatisch empfindet. Auch die unterschiedlichen Interpretationen des Charisma-Begriffs aufgrund seiner Bedeutungsvielfalt in den Definitionen führen dazu, dass Uneinigkeit darüber herrscht, welcher Persönlichkeit Charisma zuerkannt wird.

Aus persönlichkeitsorientierter Sicht versinnbildlicht die charismatische Führungspersönlichkeit Jesus echtes Charisma. Jesus personifiziert die höchste Geistesgabe der Liebe, die als Quelle des Charismas durch den Heiligen Geist bewirkt wird. Als Gegensatz zur charismatischen Persönlichkeit und als Beispiel für eine Täterpersönlichkeit, wird die Persönlichkeit von Hitler angeführt, da seine Charaktermerkmale im Widerspruch zu der Liebe stehen. Anhand der gewonnenen empirischen Erkenntnisse aus dem Beispiel Barack Obama wird Charisma als Eigenschaft und als Strategie für Erfolg verifiziert. Politikerpersönlichkeiten mit persönlichem Charisma, wie Barack Obama, sind besonders häufig mit Widerständen konfrontiert. Barack Obamas Persönlichkeit und sein Verhalten bei Widerständen enthüllen Strategien, die es einer Persönlichkeit ermöglichen, das Spannungsverhältnis zwischen Charisma und Widerstand mit Erfolg zu meistern und Abwertungen in eine Auserwählung umzukehren. Kennzeichnendes Merkmal charismatischer Führungspersönlichkeiten ist dabei, dass sie durch eine besondere Freiheit geprägt sind, die es ihnen ermöglicht selbstreflektiv und unabhängig von der Anerkennung zu agieren. Charisma stellt hierbei eine Gabe dar, die weder von einer Bewährung noch von Anerkennung abhängig ist. Charakteristisch für die Persönlichkeit des Charismatikers ist in diesem Zusammenhang ein hoher Selbstwert, der diese Unabhängigkeit bewirkt und auf die Wertschätzung, die aus dem Glauben resultiert, zurückzuführen ist. Aufgrund einer erhöhten Empathiefähigkeit sowie sozialer und emotionaler Intelligenz ist es Charismatikern möglich, an die Gefühle der Menschen zu appellieren, erfolgreich zu vermitteln und somit werteorientierte Führung umzusetzen.

Typische Eigenschaften charismatischer Führungspersönlichkeiten sind Mut, Geduld, Authentizität, Demut, Empathie, Autorität, Glaube, Leidenschaft, Unabhängigkeit, Zukunftsorientierung, Emotionalität, Fairness, Offenheit, Solidarität, Humor, Unbeeinflussbarkeit, Selbstbeherrschung, Treue und die Liebe.

6 Literaturverzeichnis

Aberbach, David: Charisma in Politics, Religion and the Media. *Private Trauma, Public Ideals.* New York, Washington Square: New York University Press (1996).

Achouri, Cyrus: Wenn sie wollen, nennen sie es Führung. *Systemisches Management im 21. Jahrhundert.* (1. Aufl.). Straßfurt: Gabal Verlag (2011).

Alemann, Ulrich von; unter Mitarbeit von Erbentraut Philipp und Walther Jens: Das Parteiensystem der Bundesrepublik Deutschland. (4., vollständig überarbeitete und aktualisierte Aufl.). Wiesbaden: VS Verlag für Sozialwissenschaften / Springer Fachmedien (2010).

Aretz, Wera: Subjektive Führungstheorien und die Umsetzung von Führungsgrundsätzen im Unternehmen. *Eine Analyse bisheriger Forschungsansätze, Modellentwicklung und Ergebnisse einer empirischen Untersuchung.* Köln: Kölner Wissenschaftsverlag (2007).

Bartscher, Thomas; Huber, Anne: Praktische Personalwirtschaft. Eine praxisorientierte Einführung. (2. Aufl.). Wiesbaden: GWV Fachverlage (2007).

Becker, Lutz; Gora, Walter; Ehrhardt, Johannes (Hrsg.): Führungskonzepte und Führungskompetenz. *Die Neue Führungskunst – The New Art of Leadership.* (1. Aufl.). Düsseldorf: Symposion (2006).

Bliesemann de Guevara, Berit; Reiber, Tatjana (Hrsg.).: Charisma und Herrschaft. *Führung und Verführung in der Politik.* Frankfurt am Main: Campus Verlag (2011).

Brune, Carlo: Roland Barthes. Literatursemiologie und literarisches Schreiben. Würzburg: Königshausen & Neumann (2003).

De Gruyter: Sociolinguistics Soziolinguistik. An international Handbook of the Science of Language and Society. Ein internationales Handbuch zur Wissenschaft von Sprache und Gesellschaft. (2., vollständig neu bearbeitete und erweiterte Aufl.). Berlin: Tutte Druckerei (2004).

Dihsmaier, E.; Paschen, M.: Psychologie der Menschenführung. *Wie sie Führungsstärke und Autorität entwickeln.* Berlin/Heidelberg: Springer Verlag (2011).

Encke, Julia: Charisma und Politik. *Warum unsere Demokratie mehr Leidenschaft braucht.* München. Carl Hanser Verlag (2014).

Enkelmann, Claudia, E.: Einfach mehr Charisma. *Was uns wirklich beeindruckt. Wie sie auf andere wirken.* WirtschaftsWoche-Sachbuch. Wien: Linde Verlag (2010).

Etrillard, Stéphane: Charisma. Einfach besser ankommen. 55 Fragen und Antworten zum Mythos Charisma. Soft Skills kompakt. (2. Aufl.) Paderborn: Junfermann Verlag 2010 (2012).

Fehrs, Andrè: Lernskript zur Prüfungsvorbereitung der IHK-Prüfung zum Fachwirt, Betriebswirt und Technischen Betriebswirt. Personalmanagement. *Kurz. Knapp. Präzise.* (4. Aufl.). Norderstedt: Books on Demand (2012).

Fein, Hubert; Staudt, Alois: Mensch und Charisma. Limburg: Lahn-Verlag (1979).

Felten, Franz, J.; Kehnel, Annette; Weinfurter, Stefan: Institutionen und Charisma. Köln: Böhlau Verlag (2009).

Frei, Bernadette: Pädagogische Autorität: Eine empirische Untersuchung bei Schülerinnen, Schülern und Lehrpersonen der 5., 6. und 8. Schulklasse. Münster: Waxmann Verlag (2003).

Gerber, Jörg: Ungleichheiten im Volk Gottes. Die Besetzung des ordinierten Amtes als Phänomen „sozialer Schliessung". (Reihe Praktische Theologie im Dialog, Band 16). Freiburg/Schweiz: Universitätsverlag (1998).

Gonschorrek, Ulrich: Personalmanagement. (2. Aufl.). Berlin: Berlin Verlag Arno Spitz (1997).

Grasselt, Nico; Korte, Karl-Rudolf: Führung in Politik und Wirtschaft. Instrumente, Stile und Techniken. Studien der NRW School of Governance. (1. Aufl.). Wiesbaden: VS Verlag für Sozialwissenschaften (2007).

Gross, Peter: Jenseits der Erlösung. *Die Wiederkehr der Religion und die Zukunft des Christentums.* (2. Aufl.). Bielefeld: Transcript Verlag (2008).

Göhnermeier, Lutz: Praxishandbuch Präsentation und Veranstaltungsmoderation. Wie sie mit Persönlichkeit überzeugen. Wiesbaden: Springer Fachmedien (2015).

Hametner; Schülein; Lueger: Unternehmen aus sozialwissenschaftlicher Perspektive. (2. Aufl.). Facultas Verlag (2009).

Hartmann, Jürgen: Persönlichkeit und Politik. (1. Aufl.). Wiesbaden: VS Verlag für Sozialwissenschaften / GWV Fachverlage (2007).

Hartmann, Götz: Selbststigmatisierung und Charisma christlicher Heiliger der Spätantike. *Studien und Texte zu Antike und Christentum.* Tübingen: Mohr Siebeck Verlag (2006).

Hatscher, Christoph R.: Charisma und Res Publica. *Max Webers Herrschaftssoziologie und die Römische Republik.* (Historia Einzelschriften). Stuttgart: Franz Steiner Verlag (2000).

Haunerdinger, Monika; Probst, Hans-Jürgen: Karrierefaktor BWL. *Test & Training. Übungen, Lösungen, Tipps, Tools. Mit Karriereplaner auf CD-Rom.* Freiburg im Breisgau: Rudolf Haufe Verlag (2004).

Häusermann, Jürg (Hrsg.): Inszeniertes Charisma. Medien und Persönlichkeit (Reihe Medien in Forschung und Unterricht, Serie A). Tübingen: Max Niemeyer Verlag (2001).

Heidenreich, Jürgen: Kostenfaktor Mobbing: Wie Manager Ursachen erkennen und erfolgreich vorbeugen. Bielefeld: Bertelsmann Verlag (2011).

Heins, Cornelia: Gut, besser – Frau! Nutzen sie ihren weiblichen Vorteil. Münchner Verlagsgruppe: MVG Verlag. Nachdruck 2013 (2005/2006).

Heinen, Edmund: Betriebswirtschaftliche Führungslehre. *Grundlagen – Strategien – Modelle.* (2. verbesserte und erweiterte Aufl.). (Nachdruck 1992). Wiesbaden: Gabler Verlag (1984).

Henschel, Karla U.: Hotelmanagement. (3. Aufl.). München: Oldenbourg Wissenschaftsverlag (2008).

Hentze, J.; Kammel, A.; Lindert, K.: Personalführung. (4. Aufl.). Stuttgart: Haupt Verlag (2005).

Hertel, Silke: Beratungskompetenz von Lehrern. (Reihe Pädagogische Psychologie und Entwicklungspsychologie). Münster: Waxmann Verlag (2009).

Hofbauer, Helmut; Kauer, A.: Einstieg in die Führungsrolle. *Praxisbuch für die ersten 100 Tage. Mit Interviews aus der Praxis.* (2. erweiterte Aufl.). München: Carl Hanser Verlag (2009).

Hummel, Thomas R.: Betriebswirtschaftslehre kompakt. *Mit Übungsaufgaben.* (3. Aufl.). München: Oldenbourg Wissenschaftsverlag (2007).

Jaeppelt, Alexandra; Görcke, Manuela: Die neue Generation der betrieblichen Sozialarbeit: das employee assistance program als innovativer Baustein unternehmerischer Gesundheitsförderung. Berlin: Lit Verlag (2009).

Karipidis, Perikles: New Leadership in Unternehmen. *Die Wirkung von charismatischer Führung auf Mitarbeiter.* Hamburg: Disserta Verlag (2012).

Katzengruber, Werner: Mythos Führungskraft. *Konzepte, Tugenden, Erfolgsgeheimnisse. LEAD.* (1. Aufl.). Weinheim: Wiley-VCH Verlag (2010).

Kellner, Dirk: Charisma als Grundbegriff der Praktischen Theologie. *Die Bedeutung der Charismenlehre für die Pastoraltheologie und die Lehre vom Gemeindeaufbau.* Scheßlitz: Theologischer Verlag Zürich (2011).

Kirchler, Erich: Arbeits- und Organisationspsychologie. (3. Aufl.). Wien: Facultas Verlag (2011).

Klaußner, Alexander: Phasenangepasste Führung von Wachstumsunternehmen. *Eine empirische Untersuchung im deutschsprachigen Raum.* (1. Aufl.). (Band 66). Köln: Josef Eul Verlag (2009).

Kolodej, Christa: Psychoterror am Arbeitsplatz und seine Bewältigung. *Mit zahlreichen Fallbeispielen und Tipps für Betroffene, Führungskräfte und BeraterInnen.* Wien: Facultas Verlag (2005).

Kruber, Kurt: Management Basics: Sammelband 1. Norderstedt: Books on Demand (2009).

Lang, Daniela: Soziale Kompetenz und Persönlichkeit. (Reihe Psychologie, Band 61). Landau: Verlag Empirische Pädagogik (2009).

Lasko, Wolf, W.: Charisma: *Mehr Erfolg durch persönliche Ausstrahlung.* (1.Aufl.). (1. Nachdruck, 1995), (2. Nachdruck, 1997), (3. Nachdruck, 2000). Wiesbaden: Gabler Verlag (1994).

Lasko, Wolf, W.: Charisma. *Mehr Erfolg durch persönliche Ausstrahlung.* (1. Aufl.) Wiesbaden: Gabler Verlag (1994).

Laux, Lothar.: Persönlichkeitspsychologie (Reihe Grundriss der Psychologie, 11.Band). (2. überarbeitete und erweiterte Aufl.). Stuttgart: Kohlhammer/ Urban-Taschenbuch (2008).

Lenze, Malte: Postmodernes Charisma. *Marken und Stars statt Religion und Vernunft.* (1. Aufl.). Wiesbaden: DUV Verlag Sozialwissenschaft (2002).

Lieber, Bernd: Personalführung ... leicht verständlich! Stuttgart: Lucius & Lucius Verlag (2007).

Lipp, Wolfgang; Stagl, Justin (Hrsg.): Stigma und Charisma. *Über soziales Grenzverhalten.* Schriften zur Kultursoziologie. (Band 1). Berlin: Dietrich Reimer Verlag (1985).

Luther, Martin: Die Bibel oder die Heilige Schrift des Alten und Neuen Testaments nach der Übersetzung Martin Luthers. Stuttgart: Deutsche Bibelgesellschaft 1970 (1982).

Macharzina, Klaus; Wolf, Joachim: Unternehmensführung. *Das internationale Managementwissen. Konzepte – Methoden – Praxis.* (7. Aufl.). Wiesbaden: Gabler Verlag (2010).

Mendonca, Manuel; Kanungo, Rabindra N.: Ethical Leadership. *Work and Organizational Psychology.* Glasgow: Bell & Bain (2007).

Momand, Huma: Mobbing in der Arbeitswelt. Ursachen, Folgen und mögliche Lösungsansätze für ein verbessertes Arbeitsklima. Hamburg: Diplomica Verlag (2011).

Muther, Urs-Ullrich: Religion in der Öffentlichkeit. 11. Paulinische Ökonomie. Der Effizienzbegriff in 1. Korinther 12 und seine Bedeutung für die Gemeindekonzeption. Frankfurt am Main: Peter Lang Verlag, Internationaler Verlag der Wissenschaften (2010).

Müller, Eva, B.: Charisma – mit Strategie und Persönlichkeit zum Erfolg. *Der Charisma Code.* Freiburg: Haufe-Lexware (2012).

Mückler, Hermann: Mission in Ozeanien. (1. Aufl.). Maudrich: Facultas (2010).

Möller, Frank (Hrsg.): Charismatische Führer der deutschen Nation. München: Oldenbourg Wissenschaftsverlag (2004).

Neuberger, Oswald: Führen und führen lassen. (6. Aufl.). Stuttgart: Lucius & Lucius Verlag (2002).

Neubauer, Walter; Rosemann, Bernhard: Führung, Macht und Vertrauen in Organisationen. (Reihe Organisation & Führung). Stuttgart: W. Kohlhammer Verlag (2006).

Nippel, Wilfried: Virtuosen der Macht. *Herrschaft und Charisma von Perikles bis Mao.* München: C.H. Beck Verlag (2000).

Obama, Barack: Ein amerikanischer Traum. Die Geschichte meiner Familie. (6. Aufl.). München: dtv (2009).

Oehler, Tim: Rechtslage und Fallstricke bei psychischen Erkrankungen. *Burnout, Depressionen, akute und posttraumatische Belastungsstörungen, Anpassungsstörungen.* Stuttgart: Georg Thieme Verlag (2013).

Pollak, Johannes; Sager, Fritz; Sarcinelli, Ulrich; Zimmer, Annette (Hg.).: Politik und Persönlichkeit. Wien: Facultas Verlags (2008).

Raschke, Joachim; Tils, Ralf: Politische Strategie. Eine Grundlage. (2. Aufl.). Wiesbaden: VS Verlag für Sozialwissenschaften / Springer Fachmedien 2007 (2013).

Richter, Emanuel: Was ist politische Kompetenz? *Politiker und engagierte Bürger in der Demokratie.* Frankfurt am Main: Campus Verlag (2011).

Rode, Verena; Lambert, Koch; Tobias Kollmann; Peter Witt (Hg.): Entrepreneurship: Corporate Branding von Gründungsunternehmen. *Der erfolgreiche Aufbau der Unternehmensmarke.* (1. Aufl.). Wiesbaden: Gabler Edition Wissenschaft; Deutscher Universitäts-Verlag/ GWV Fachverlage (2004).

Rosenstiel, Lutz; Regnet, Erika; Domsch, Michel, E. (Hg.): Führung von Mitarbeitern. *Handbuch für erfolgreiches Personalmanagement.* (6. Aufl.). Stuttgart: Schäffer-Poeschel (2009).

Sader, M.: Psychologie der Persönlichkeit. *Grundfragen der Psychologie.* München: Juventa Verlag (1980).

Sackmann, Sonja (Hg.): Mensch und Ökonomie. *Wie sich Unternehmen das Innovationspotenzial dieses Wertespagats erschließen.* (1. Aufl.). Wiesbaden: Gabler Verlag (2008).

Schäfers, Bernhard; Stagl, Justin; Hutzel, Maibritt (Hrsg.): Kultur und Religion, Institutionen und Charisma im Zivilprozess. Festschrift für Wolfgang Lipp. (Konstanzer Schriften zur Sozialwissenschaft, Band 65). .Konstanz: Hartung- Gorre Verlag (2005).

Schreyögg, Georg; Sydow, Jörg (Hrsg.): Führung – neu gesehen. Berlin, New York: Walter de Gruyter (1999).

Schieffer, A.: Führungspersönlichkeit. Struktur, Wirkung und Kontext der Persönlichkeit erfolgreicher oberster Führungskräfte. Bamberg: Difo-Druck (1997).

Schieffer, A.: Führungspersönlichkeit. *Struktur, Wirkung und Entwicklung erfolgreicher Top- Führungskräfte.* Wiesbaden: Gabler Verlag (1998).

Scheungraber, Sonja: Aufbau und Entwicklung einer Corporate Identity, im Besonderen der Führungspersönlichkeit. Bachelorarbeit. Unveröffentlichte Literatur. (2011).

Scheungraber, Sonja: Die Entwicklung der Begrifflichkeit Charisma in der Alltagssprache, unter Berücksichtigung der Führungspsychologie. *Studienarbeit im Rahmen des Masterstudiums.* Unveröffentlichte Literatur. (2012).

Schmidt, Walter; Crisand, Ekkehard (Hg.): Entwicklung zur Führungspersönlichkeit. *Individuelle Personalentwicklung durch Eigeninitiative. Arbeitshefte Führungspsychologie.* (Band 28). (2. Aufl.). Heidelberg: I. H. Sauer-Verlag (2002).

Schweitzer, M.; Friedl; Bea: Allgemeine Betriebswirtschaftslehre. Führung. (2. Band). (9. Aufl.). Stuttgart: Lucius & Lucius Verlag (2005).

Sebaldt, Martin; Gast, Henrik (Hrsg.).: Politische Führung in westlichen Regierungssystemen. Theorie und Praxis im internationalen Vergleich. (1. Aufl.). Wiesbaden: VS Verlag für Sozialwissenschaften / GWV Fachverlage (2010).

Steck, Sabrina; Nolte, Jo, B.: Souverän auftreten. *Mit Persönlichkeit und Stil gewinnen.* Freiburg: Haufe-Lexware (2012).

Stock, Christian: Mobbing. *Taschen Guide. Einfach! Praktisch!* Haufe-Lexware (2011).

Studienbuch. (TRE) Theologische Realenzyklopädie. Studienausgabe Teil 1. Berlin: De Gruyter (1993).

Teuschel, Peter: Mobbing. *Dynamik – Verlauf – gesundheitliche und soziale Folgen.* Stuttgart: Schattauer (2010).

Toye, Richard; Gottlieb, Julie: Making Reputations. Power, Persuasion and the Individual in Modern British Politics. New York, London: I.B. Tauris & Co. (2005).

Utsch, Susanne: Sprachwechsel im Exil: *Die „linguistische Metamorphose“ von Klaus Mann.* Köln/ Weimar/ Wien: Böhlau Verlag (2007).

Walter, Henry; Cornelsen, Claudia: Handbuch Führung. *Der Werkzeugkasten für Vorgesetzte.* (3., überarbeitete und erweiterte Aufl.). Frankfurt am Main: Campus Verlag (2005).

Watrinet, Christine: Indikatoren einer diversity-gerechten Unternehmenskultur. Karlsruhe: Universitätsverlag (2008).

Wagner, Jochen: Die Anfänge des Amtes in der Kirche. *Presbyter und Episkopen in der frühchristlichen Literatur.* Tübingen: Narr Francke Attempto Verlag (2011).

Wagner, Simone: Lokale Tauschnetze. Untersuchungen zu einem alternativen Wirtschaftssystem. (1. Aufl.). Wiesbaden: VS Verlag für Sozialwissenschaften / GWV Fachverlage (2009).

Weber, Max: Wirtschaft und Gesellschaft. *Grundriss der verstehenden Soziologie. Mit einem Anhang: Die Rationalen und soziologischen Grundlagen der Musik.* (4. Aufl.). (1. Halbband). Tübingen: J.C.B. Mohr Siebeck Verlag (1956).

Weber, Max: Wirtschaft und Gesellschaft. *Grundriss der verstehenden Soziologie.* (5. Aufl.). Tübingen: J. C. B. Mohr Siebeck Verlag 1972 (1980).

Wickler, Peter (Hrsg.).: Handbuch Mobbing-Rechtsschutz. Heidelberg: Müller Verlag (2004).

Wiegand, Hanns-Jürgen: Direktdemokratische Elemente in der deutschen Verfassungsgeschichte. (Reihe Juristische Zeitgeschichte. Abteilung 1: Allgemeine Reiche, Band 20). Berlin: BWV Berliner Wissenschaftsverlag (2006).

Wulff, Christian: Ganz oben, ganz unten. München: C. H. Beck Verlag (2014).

Zimbardo, Philip; Gerrig, Richard, J.: Psychologie. (7., neu übersetzte und überarbeitete Aufl.). Berlin/Heidelberg/New York: Springer Verlag (1996).

7 Internetquellen

http://www.wirtschaft.com/tag/lame-duck/ (letzter Zugriff 04.06.2015)

http://edition.cnn.com/profiles/jake-tapper-profile (letzter Zugriff 04.06.2015)

http://www.google.de/imgres?imgurl=http%3A%2F%2Ffiles.abovetopsecret.com%2Ffiles%2Fimg%2Fgv 536a8521.jpg&imgrefurl=http%3A%2F%2Fwww.abovetopsecret.com%2Fforum%2Fthread1011602%2Fpg1&h=450&w=600&tbnid=ZloQsR8kljv-8M%3A&zoom=1&docid=rXrbCyx5QsoZwM&ei=OAPyU7vCKueo4gSo1IC4AQ&tbm=isch&iact=rc&uact=3&dur=1222&page=1&start=0&ndsp=16&ved=0CCYQrQMwAg (letzter Zugriff 09.04.2015)

http://www.spiegel.de/politik/ausland/barack-obama-nach-niederlage-bei-midterms-hofft-er-auf-zusammenarbeit-a-1001291.html (letzter Zugriff 09.04.2015)

http://www.spiegel.de/politik/ausland/obama-beim-white-house-correspondents-dinner-witze-vom-praesidenten-a-967456.html (letzter Zugriff 09.04.2015)

http://www.whitehouse.gov/the-press-office/2014/05/03/remarks-president-white-house-correspondents-dinner (letzter Zugriff 09.04.2015)

http://www.sueddeutsche.de/politik/white-house-correspondents-dinner-derblecken-mit-obama-1.1949522 (letzter Zugriff 09.04.2015)

http://www.google.de/url?sa=t&rct=j&q=&esrc=s&source=web&cd=1&ved=0CCsQFjAA&url=http%3A%2F%2Fwww.bibelschule.info%2Fstreaming%2FHeinz-Schaidinger---41.-Das-Wirken-des-Heiligen-Geistes_20242.pdf&ei=zEjyU9jwLeem4gT_1oGoAg&usg=AFQjCNGDzbinTkSLaOnoyEgA2vfjMgQzOA&bvm=bv. 73231344,d.bGE (PDF)

http://www.whitehouse.gov/the-press-office/2014/11/05/remarks-president-press-conference (letzter Zugriff 09.04.2015)

http://www.npr.org/blogs/thetwo-way/2014/05/04/309425228/obama-throws-some-zingers-at-white-house-correspondents-dinner (letzter Zugriff 09.04.2015)

https://www.gedankentanken.com/wls (letzter Zugriff 26.04.2019)

Zeitfracht Medien GmbH
Ferdinand-Jühlke-Straße 7
99095 Erfurt, Deutschland
produktsicherheit@kolibri360.de